Hubert
= de LARMANDIE

MÉMOIRES
DE GUERRE

Blessé,
Captif,
Délivré !

Préface du
Général MALLETERRE

Éditeurs
BLOUD & GAY
PARIS - BARCELONE

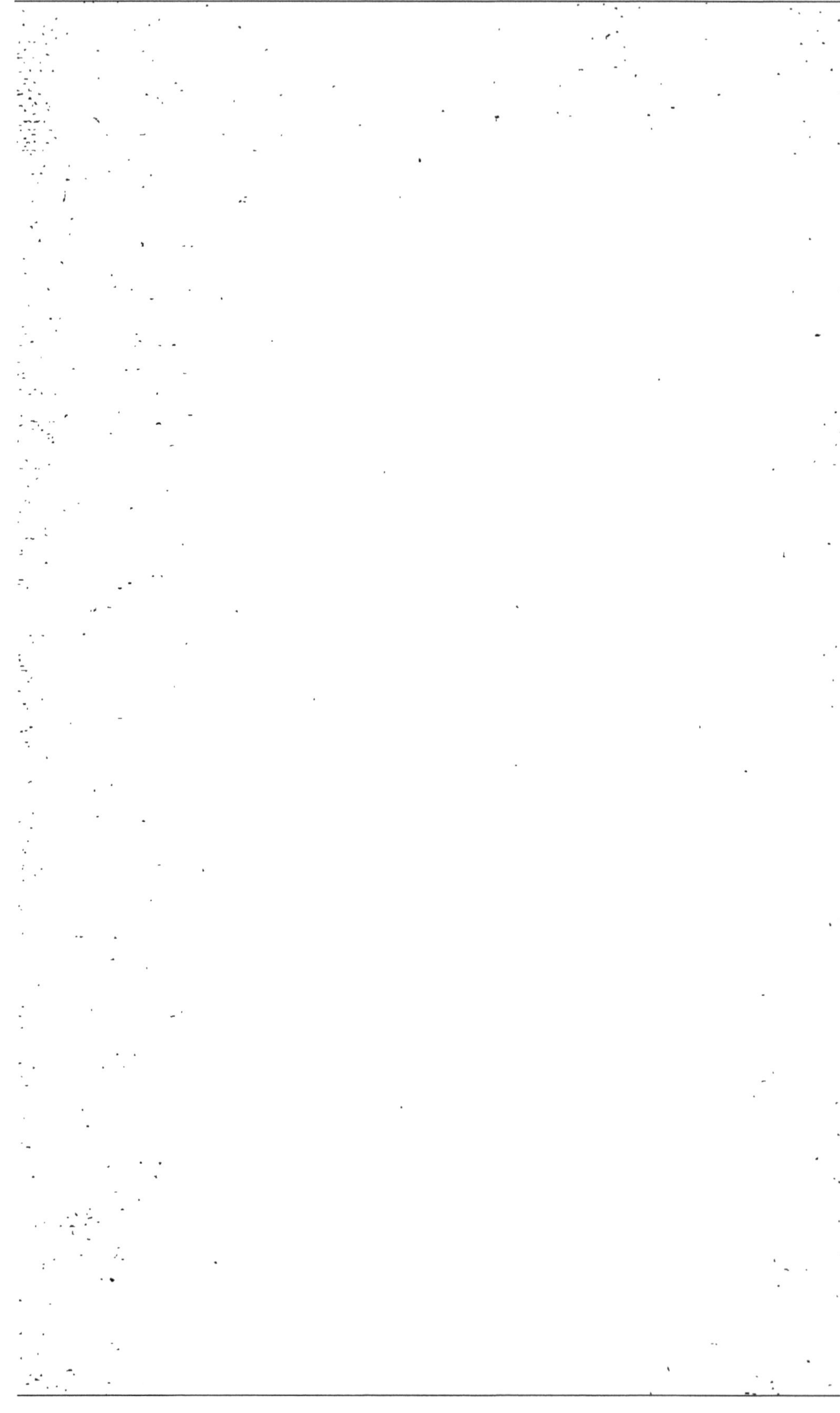

Blessé,
Captif,
Délivré !

*« Deux sous d'histoire
dans un cornet de papier. »*

E. DE GONCOURT.

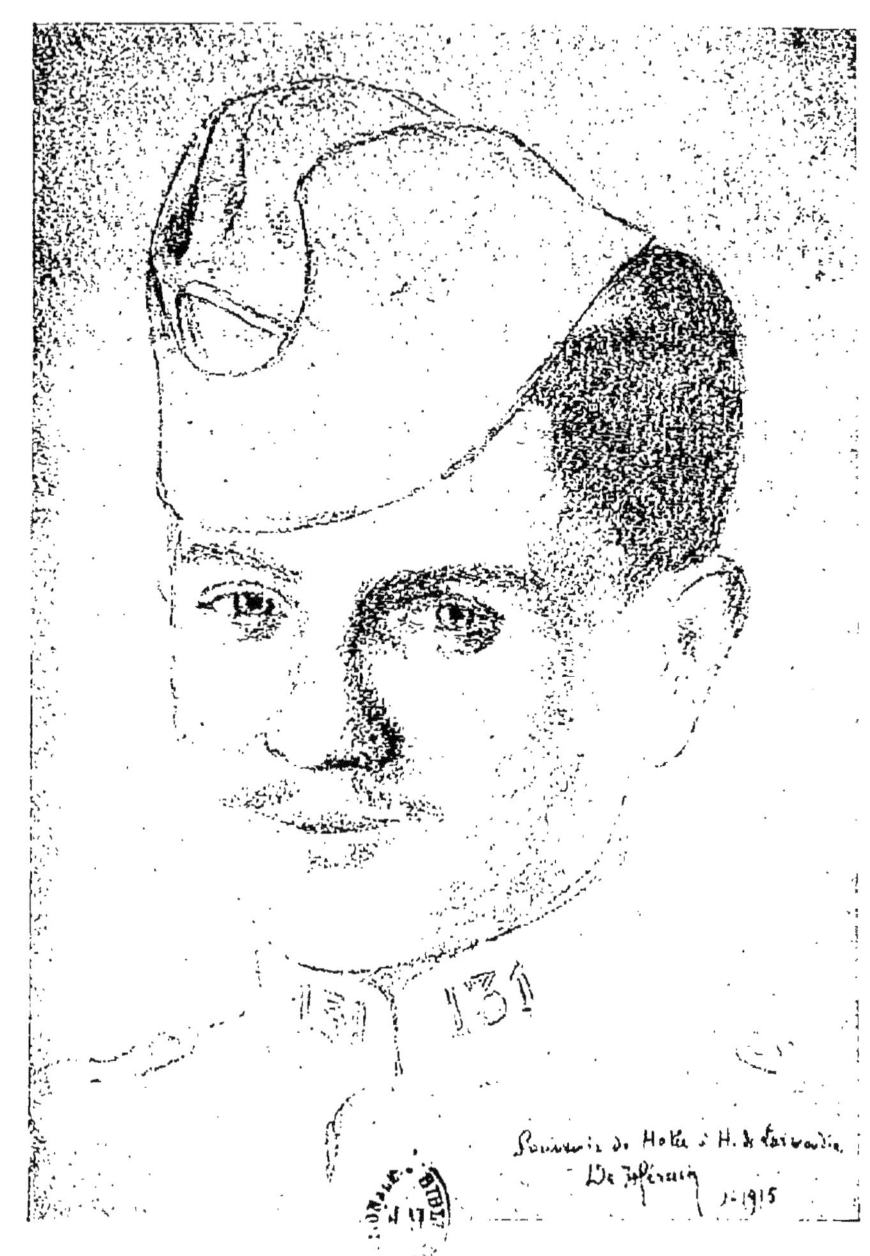

L'AUTEUR EN CAPTIVITÉ

Hubert de LARMANDIE

MÉMOIRES DE GUERRE

Blessé, Captif, Délivré!

Préface du Général MALLETERRE

BLOUD & GAY

Editeurs

PARIS, 7, Place Saint-Sulpice

Calle del Bruch, 35, BARCELONE

1916

DÉDICACE

Aux infirmières qui m'ont soigné.

A Madame Labbé, à Madame Hedde, aux Sœurs de charité de l'Hôpital provisoire de Gorey (M.-et-M.) qui, avant notre départ pour l'exil, ont épandu sur nos blessures un peu du baume de France.

A Schwester Ella Strube, du Lazaret Gärden, près Brandebourg.

Aux Sœurs catholiques de l'ordre de la Sainte-Croix de Constance, dont la supérieure eut le courage de répondre à un officier allemand qui lui reprochait ses bons soins à notre égard : '' Je me suis souvenu qu'avant a'être Allemande, j'étais une femme. ''

A Madame Bony, femme du Colonel suisse, qui, à notre retour en France, sut nous faire les honneurs du Train suisse avec une attention et une délicatesse que nous n'oublierons pas.

A Madame Frat et Madame Spitz, de l'Hôpital auxiliaire 49 de Lyon (Hôtel Royal), seules autorités officielles qui, le 3 mars 1915, aient accueillis, avec un peu de cœur et de spontanéité, nos corps endoloris et nos âmes meurtries de grands blessés rapatriés d'Allemagne.

A la Vicomtesse d'Hendecourt, infirmière-major,

A Madame Brault,

A Madame Daguilhon-Pujol,

A Mademoiselle Bazy,

A Mademoiselle Yvonne Derocquigny.

A Mesdemoiselles Emma et Marthe Tisserand, de l'Hôpital complémentaire de Saint-Jean-de-Dieu.

A Madame Sangnier-Lachaud,

A la Marquise de Chennevières,

A Madame de Jonquière, de l'Hôpital auxiliaire 172.

A toutes ces nobles femmes, éprises de charité, qui, d'un geste ou d'un regard, savent atténuer la douleur, penchées qu'elles sont du matin au soir et du soir au matin sur les misères et les souffrances de la guerre.

En Hommage respectueux et reconnaissant,

Vicomte Hubert DE LARMANDIE.

A MON FILS AINÉ

Mon cher enfant,

Nos aïeux furent d'épée, non sans lettres : La Boëtie, l'ami de Montaigne, dédia sa *Servitude volontaire* à Bertrand V de Larmandie, marquis de Longa, époux de Françoise de Bourbon-Malauze, compagnon du Béarnais qui disait de lui, en gascon, sinon en latin : « Larmandio ! fi de la bretto, dré de lo quêto... »

Le premier de notre lignée, mon père déposa les armes pour prendre la houlette et fut, pendant soixante années, un patriarche de paix et de bonté.

Moi je fendis la pointe de notre Haute-Claire pour en faire une plume qui sut garder des raideurs de glaive. Toi, mon fils, tu ressoudas les lèvres d'airain pour recommencer l'héroïque moulinet des ancêtres, et de tes jeunes artères pour la France éternelle, notre vieux sang bleu a coulé. Los à toi !

Comte DE LARMANDIE.

# PRÉFACE

25 Avril 1916.

Mon cher Larmandie,

A peine rentré de votre douloureuse captivité, vous êtes venu me voir et me dire ce que vous aviez vu et souffert en Allemagne. Vous me rappeliez que vous aviez combattu et que vous étiez tombé pas loin de moi, le 22 août 1914, auprès du village de Gorcy, et que vous aviez été transporté dans l'hôpital-ambulance où je m'étais tenu toute la matinée, à mon poste de combat.

Le 22 août! notre premier combat! notre premier revers!

Comme vous le dites dans ces souvenirs, nous avions contemplé toute la nuit le brasier de Longwy. Nous suivions d'un œil angoissé chaque éclatement des gros obus qui détruisaient et incendiaient la citadelle !

Et à peine engagés, nous sentions tout d'un coup la force de l'adversaire.

Avec quel enthousiasme pourtant nous étions partis ! Quelle confiance animait le cœur de nos soldats, en cette belle matinée du 21 août, où nous recevions enfin le signal de l'offensive ! Et malgré la dureté de l'étape, par une chaleur accablante, en dépit de l'orage qui éclatait le soir, les hommes prirent résolument les avant-postes sous le feu des Allemands embusqués dans les bois et déjà couverts par des tranchées !

Et dès le lendemain, il fallait battre en retraite !

Nos deux régiments avaient combattu côte à côte, le régiment de La Tour d'Auvergne et le régiment de Jeanne d'Arc, et notre élan n'avait pu franchir ces hauts coteaux boisés qui nous séparaient de la Belgique et du Luxembourg !

Oui ! ce fut la retraite, sous les avalanches d'obus ! Vous n'avez pas connu ces angoisses

et la poignante émotion qui nous étreignit,
quand il fallut passer de l'autre côté de la
Meuse, reculer jusqu'à l'Argonne, quand nous
apprîmes que partout nous reculions et que le
Gouvernement quittait Paris! Paris comme
en 1870 !

C'était presque un bonheur pour vous,
tombé aux premières heures de la bataille,
de ne pas sentir l'amertume de la défaite !

Blessé et captif, vous pouviez croire encore,
dans votre malheur, que la victoire revien-
drait à nos drapeaux ! Et pendant que vous
étiez emporté en Allemagne, palpitant comme
un faucon dont l'aile est brisée, nous vivions
de sombres jours !

Mais vous avez appris, bien plus tard, malgré
les geôliers, que les vaincus de Longwy, comme
ceux de Charleroi et de Morange, s'étaient
soudain redressés et qu'ils étaient devenus les
vainqueurs de la Marne, de Nancy, de l'Yser!
Et vous avez alors souffert de n'y avoir pas été !

Mais vous êtes revenu, après avoir vu et
compris tout ce qui séparait la mentalité ger-
manique de notre esprit français, et pour nous

donner un des premiers récits de la vie de nos soldats prisonniers au pays des Barbares ! Vous ajoutez ainsi un témoignage au réquisitoire qui sera dressé dans le Congrès des réparations. Rien ne sera oublié au terrible compte que nous règlerons bientôt.

Si vous ne pouvez plus combattre, comme moi, vous avezsu réagir contre la faiblesse physique, et donner encore votre activité à l'organisation intérieure du pays. Vous êtes jeune, vous serez de ceux qui aideront à réparer les ruines et à confirmer la victoire. Je salue en vous l'avenir.

Général MALLETERRE.

PREMIÈRE PARTIE

En Campagne

(6 août-6 septembre 1914)

C'est le bruyant clairon qui m'appelle à la gloire
Que je veux entendre chanter!

Les ruines de Longwy.

Mon sauveur, captif lui aussi !

I

La Guerre!

1

LA GUERRE !

Ce matin-là, je revenais du camp de Cercottes, où j'avais été commander le tir de ma compagnie. J'allais à la pension des officiers pour déjeuner. En arrivant je trouvais tous mes camarades réunis qui avaient un air de circonstance.

« Qu'y a-t-il donc ? demandai-je en accrochant mon képi au porte-manteau.

— La situation européenne est des plus tendues, et la guerre semble inévitable ! » me répondit avec sa bonhomie habituelle notre sympathique président de table.

Hein ! la guerre ? Pas possible !

La guerre, je l'avais toujours ardemment désirée. C'était une grande joie, mêlée d'une certaine émotion devant cette inconnue, car je savais par mes supérieurs que lorsqu'on a vu la guerre, on ne désire pas la revoir.

Je pris donc mon air le plus sérieux, frappai le poing sur la table et dis à notre hôtesse :

« Madame Trémouille, allez nous chercher à la cave une de vos meilleures bouteilles, que nous boirons en l'honneur de ces événements. »

. . . .

Toute la semaine, nous restâmes dans l'attente angoissante. C'est le samedi, 1ᵉʳ août 1914, qu'arriva à Orléans l'ordre de mobilisation générale. Je n'oublierai jamais l'impression que j'eus lorsque, vers 5 heures, j'aperçus sur les murs de la la gare cette petite dépêche jaune, sur laquelle était écrit au crayon : « L'ordre de mobilisation générale est décrété... Le premier jour de la mobilisation est le dimanche, 2 août... »

La guerre, c'était donc la guerre ! Dans quatre jours, nous serions à la frontière.

. . . .

Les journées de la mobilisation s'écoulèrent fiévreusement, mais tout se passa dans le plus grand ordre. Nous venions précisément d'étudier le nouveau plan de mobilisation, quelques semaines auparavant.

La caserne et toute la ville, martialisée, si l'on peut dire, par la tenue de campagne, avaient un aspect des plus singuliers. Un je ne sais quoi d'anormal planait dans l'air. Un enthousiasme raisonné et la confiance la plus grande régnaient sur tous les visages.

Le mardi 4 août, je quittais le quartier à 21 heures, nous partions le lendemain matin à 8 heures. A 19 heures on avait pris ma cantine, faite avec un soin jaloux et après mûres réflexions. Les jours qui avaient précédé j'avais parachevé mon équipement, fait aiguiser mon sabre, etc.

Le lendemain matin dès 5 heures, j'étais au quartier. Les dernières distributions étaient faites. Un dernier coup d'œil pour voir s'il ne manquait rien à personne.

Les deux bataillons de la caserne Coligny (le bataillon de Pithiviers devait nous rejoindre en route) furent rangés sur les côtés de la cour, prêts à rendre les honneurs au drapeau.

La présentation du drapeau, le jour du départ en campagne ! Quelle inoubliable cérémonie !

A 7 h. 50, le colonel rassembla et le drapeau vint se placer au centre. Le colonel en un discours vibrant rappela le passé du régiment, les batailles inscrites au drapeau; il nous rappela aussi que nous étions le régiment de Jeanne d'Arc et que de même qu'il y a 500 ans elle avait bouté les Anglais hors de France, de même sous ses auspices aujourd'hui nous écraserions les Allemands.

Il commanda: «Au drapeau!» La sonnerie eut lieu, le refrain de la *Marseillaise* se fit entendre et le petit frisson traditionnel, dont personne n'était exempt ce matin-là, fît osciller sabres et baïonnettes et le régiment s'ébranla.

Pendant que le 1ᵉʳ bataillon partait, nos hommes avaient fleuri leurs armes, en sorte que ce fut une forêt de verdure qui se dressa lorsque le capitaine D..., l'énergique capitaine D... prononça d'un ton sec, le : « Arme sur l'épaule, droite ! »

En quittant la cour tous nos camarades officiers nous serraient la main, le lieutenant-colonel L..., le capitaine D..., le capitaine M... tous en larmes.

Beaucoup d'entre nous ne devaient plus jamais se revoir. Je me souviens d'un sous-lieutenant de réserve arrivé pendant la mobilisation qui me serra chaleureusement la main et me dit :

« Au revoir, et tues-en le plus possible.

— Sois tranquille, mon vieux », lui répondis-je, avec l'assurance d'un vieux grognard.

« Au revoir, mon petit Larmandie », me dirent D... et M...

Moi aussi, pardieu, j'étais ému. Et je me mordais les lèvres pour dompter mon émotion.

La foule nous accompagna jusqu'à Port-Sec, la station d'embarquement.

Les femmes, en larmes, agitaient leurs mouchoirs, les hommes domptant leur émotion donnaient des poignées de main, les jeunes filles nous lançaient des fleurs et de temps à autre une injure à l'égard des Allemands se faisait entendre.

Je causais avec mon jeune frère qui m'accompagnait le long du chemin. Subitement dans un remous, je le perdis... on ne laissait plus passer la foule... Nous fûmes séparés. Je me retournai une ou deux fois sans le voir et je conduisis ma section aux wagons qui lui étaient réservés.

Les officiers étaient dans deux ou trois wagons de seconde.

A 10 heures, le bataillon était chargé, le train s'ébranla au son du *Chant du Départ* qu'avaient entonné nos hommes.

II

Vers la frontière

II

VERS LA FRONTIÈRE

Nous partons vers une destination inconnue.

Nous nous dirigeons vers le Nord. Nos cartes de mobilisation ne nous donnent aucune indication, elles vont de Maubeuge à Belfort. Nous piquons droit sur Paris par Malesherbes et Corbeil, mais là nous filons sur le sud-est. A Melun, nous voyons les premières infirmières dans leur gracieux costume. Elles nous portent à boire de l'eau et de la menthe. Elles ont un succès fou. Nous repartons et arrivons à Montereau et voici que les souvenirs de la campagne de France me reviennent. — Lorsque Napoléon déplaçait ses Marie-Louise avec la vitesse de l'éclair entre l'Aube et la Marne, entre la Marne et l'Oise.

Avec quel plaisir nous foulerons dans quelques jours, à notre tour, le sol de l'Allemagne !

Mais voici Nogent-sur-Seine, Remilly-sur-Seine. Partout le long des voies, dans les gares, quelque chose de nouveau se manifeste : les baraquements s'improvisent, les quais d'embarquement sont déblayés et les stations halte-repas s'organisent.

Les gardes-voies n'ont pas notre insouciante gaieté. Ils nous présentent les armes à l'ancienne mode, avec un sérieux farouche. Certes, plus d'un de ces vieux grognards pense à son fils.

Sur tout notre parcours nous sommes acclamés, du plus loin qu'on voit venir le train, les mouchoirs, les mains s'agitent, les jeunes filles envoient des baisers et les vieilles mamans pleurent...

Je me souviens d'une petite fille habillée d'une robe bleu ciel, d'une ceinture rouge et d'une coiffe blanche qui dans un coin de verdure, près de la voie, un peu avant Melun, agitait un drapeau.

Et le train semble entraîner avec lui de perpétuelles acclamations.

Et la journée avance, nous nous dirigeons maintenant franchement vers l'Est : Troyes, Brienne, Vitry-le-François...

Vers 6 heures du soir, nous nous arrêtons à une station-halte repas. Nous avons une demi-heure d'arrêt, on sert un bon café chaud aux hommes. Je descends pour faire quelques provisions.

Entre temps, des nouvelles sensationnelles commencent à circuler. Le général d'Amade, avec un corps de cavalerie, serait déjà à Colmar. On a déjà vu passer un convoi de 600 prisonniers, des uhlans.

Nous repartons à la nuit tombante. Les hommes sont bien restaurés. Et quand la nuit est close, ils entonnent la *Marseillaise*. Impression puissante pour nous autres officiers qui écoutons nos hommes au milieu du roulement des wagons. Avec de tels soldats, quelle excellente besogne nous allons faire !

De temps à autre, la lueur blafarde des réverbères éclaire la figure de mes deux compagnons. Ils sont comme moi, ils ne dorment pas. Ils méditent au son de cette *Marseillaise* dont les mâles accents ont un écho tragique dans la nuit...

La fatigue finit par avoir raison de nos hommes et petit à petit, les voix s'éteignent.

Vers la fin de la nuit, nous passons à Bar-le-Duc ; le matin vers 6 heures, nous sommes à Commercy. Le commandant, chef du train, va prendre la feuille de route qui nous aiguille dans notre direction définitive.

Je descends et en passant près de la gare, j'accepte un quart de jus que m'offre un G.V.C.

Ceux-là sont complètement équipés, à la différence des premiers qui n'avaient de militaire que le képi et le fusil. On sent déjà le voisinage de la frontière...

Nous repartons et, à 10 heures, nous arrivons à Lérouville...

C'est là que nous débarquons.

Sitôt le débarquement opéré, on se forme en colonne sur la route. On fait la grand'halte sur place. Les boîtes de « singe » sont distribuées et en route.

Nous marchons vers Saint-Mihiel, paraît-il. Le pays est accidenté.

Quand je me retourne, j'aperçois des troupes à perte de vue : bataillons et régiments se succèdent dans une marche ininterrompue. Les reflets du soleil scintillent sur les gamelles et les fusils. On dirait de longs serpents rougeâtres, aux écailles brillantes qui ondulent et semblent épouser les vallonnements du terrain.

Nous montons des côtes abruptes, nous escaladons des coteaux sauvages et soudain à nos yeux agréablement surpris, apparaît Saint-Mihiel dans la vallée de la Meuse qui se déroule à nos pieds...

III

Saint-Mihiel

III

SAINT-MIHIEL

(Jeudi 6 août-Dimanche 9 août)

Nous descendons dans la ville. Nous nous dirigeons vers les casernes de Chevoncourt que nous occupons. Les compagnies se répartissent dans les casernements du 161° de ligne.

On aperçoit çà et là les paquets laissés par le 161°. Ce régiment était de couverture et a quitté la ville en trois heures.

Le lieutenant en premier s'installe avec moi dans des anciennes chambres de sous-officiers. On se nettoie un peu et on va se restaurer ensuite à la cantine où nous dînons le soir avec le capitaine.

Le lendemain, vendredi, tout le monde a passé une bonne nuit. Le régiment va faire de l'école de bataillon aux environs. La compagnie est de piquet. Aussi restons-nous à la caserne. Le temps est mauvais et il tombe toute la journée une pluie fine et pénétrante.

A 18 heures, nous recevons l'ordre d'évacuer la caserne du 161°. Nous quittons le quartier et allons occuper plus près de la Meuse les baraquements des chasseurs. Nous avons une baraque par section. Les hommes sont bien couchés et moi j'occupe une petite chambre où j'ai un lit très convenable.

Je dispose sur la porte de la baraque la plaque de la 4° section avec un fer à cheval ramassé sur le chemin.

La nuit arrive assez vite et, avant qu'elle soit complète, je fais une courte reconnaissance des environs.

Bien m'en prend, car vers minuit, je suis réveillé en sursaut. Le capitaine me donne l'ordre d'aller au-devant de plusieurs sections de brancardiers et d'infirmiers qui viennent d'arriver dans la cour, et de répartir entre elles le casernement.

Je me lève en hâte et sors avec ma lampe électrique. Dans la cour, ce ne sont partout que voitures de toutes sortes, caissons d'artillerie, chevaux qui piaffent bruyamment.

A grand'peine, je parviens à dénicher mes brancardiers. Je les case dans 2 ou 3 baraques. Non sans difficulté, il est vrai, car un médecin à deux galons à la recherche d'un cantonnement pour ses hommes, pénètre par une autre porte dans une baraque où je suis en train d'installer les infirmiers. Il prétend à tort y être entré le premier. Je lui fais remarquer que c'est le contraire et que je suis en train de répartir l'ambulance n°... Il proteste énergiquement et finit par cet argument plus décisif que courtois :

« Monsieur, j'ai deux galons, vous n'en avez qu'un, sortez d'ici. » Je m'exécute, mais ce n'est pas sans lui faire remarquer son amabilité à la lueur de ma lampe électrique. Tout le monde finit par être casé. Mais il faut trouver une chambre pour deux médecins et un aumônier.

Je leur indique un endroit où j'ai vu des paillasses et vais moi-même vers un magasin que j'ai repéré dans ma petite reconnaissance. Ouvrant une fenêtre en passant la main à travers un carreau cassé, j'y pénètre et trouve les couvertures cherchées que je rapporte à l'aumônier et aux médecins qui me remercient chaleureusement.

Je rentre dans ma chambrette et me rendors. Samedi matin, réveil à 4 heures et demie.

Nous quittons Saint-Mihiel. Tout le régiment s'installe à Varoinay et le 113ᵉ au sud, en réserve de la 17ᵉ brigade placée en avant-poste sur les côtes de Meuse à l'encontre du XVIᵉ corps allemand dont on vient de signaler un mouvement.

Tout le monde part content. On va donc voir les Allemands.

Ma section est en tête du régiment dont je règle la marche. Nous faisons 15 kilomètres et les deux dernières heures sans arrêt. Les hommes sont fatigués.

Arrivés sur une crête qui domine un ravin d'une centaine de mètres les compagnies sont dispersées et ma section est disposée derrière un petit bocqueteau.

On reste là jusque vers 10 heures. A cette heure, le capitaine revient et nous annonce qu'un aéro a reconnu le XVIe corps allemand et la division bavaroise qui l'appuie. Les Allemands n'ont pas bougé de leurs positions.

Les hommes vont faire le café et nous rentrons à Saint-Mihiel.

Je mange avec le capitaine et le lieutenant en premier. Le capitaine nous apprend que tout cela n'est qu'un exercice. Je n'avais pas encore l'impression d'être vraiment en campagne, mais cette fois nous sommes tout à fait aux manœuvres.

On va rentrer à Saint-Mihiel, mais d'ici là peut-être notre cantonnement sera occupé. Quand nous arrivons, nous y trouvons en effet des artilleurs que nous devons déloger du droit du premier occupant.

Nous nous reposons et le soir je retourne à mon magasin. J'y trouve quantité de choses utiles : des outils portatifs dont ma section manque, de la ficelle, des trépieds pour la cuisine en plein champ.

Je rapporte tout cela à mes hommes qui en font leur plus grand profit.

Entre temps, le lieutenant en premier quitte la compagnie pour l'Etat-Major. Je dîne donc seul avec mon capitaine dans un hôtel de la ville près du pont sur la Meuse. Je vais faire au préalable quelques emplettes en bicyclette.. Une cisaille, une serpe, un couteau à cran d'arrêt, ça peut toujours servir ; un chandail, une paire de chaussons.

A 9 heures tout le monde est rentré au cantonnement.

Aujourd'hui nous avons appris officiellement l'entrée de nos troupes à Mulhouse. On parle également d'une grande bataille devant Liége où les Allemands auraient des pertes considérables.

La nuit s'écoule sans incidents. Réveil à 4 h. 1/2, le départ n'est pas encore pour ce matin. Nous partons vers Spada faire des exercices de travaux de campagne. En revenant, on fait des déploiements en tirailleurs nouvelle méthode. Nous rentrons en longeant les bords de la Meuse.

Au retour, nous apprenons notre départ vers une destination inconnue à 13 h. 30. Je crois que nous allons avoir chaud. On mange précipitamment et on abandonne les baraquements des chasseurs pour reprendre la route blanche et poudreuse vers Verdun.

IV

Tilly-sur-Meuse et Haudainville

IV

TILLY-SUR-MEUSE ET HAUDAINVILLE

(Dimanche 9 août - Jeudi 13 août)

Toute l'après-midi nous marchons sous un soleil de plomb et nous effectuons une étape de 25 kilomètres entre 14 heures et 17 heures. Dans quelques villages que nous traversons on a disposé au centre de la route des baquets d'eau où les hommes altérés et harassés plongent leur quart en passant. On les voit se ruer sur ces seaux comme un troupeau à l'abreuvoir. C'est sans s'arrêter qu'ils doivent puiser quelques gouttes, dont la majeure partie s'échappe de ces gobelets de zinc et ce n'est que quelques gorgées qu'ils peuvent fébrilement porter à leur bouche. Mais c'est suffisant pour désaltérer leur gorge en feu. Et ils repartent de plus belle en fredonnant quelques chansons de route.

> « *Et au p'tit trot ! p'tit trot ! p'tit trot !*
> « *C'est le refrain de la meunière.* »

Ah ! ces longues marches par la chaleur, c'est là que le fantassin montre sa valeur et son endurance. Le col de capote rabattu, les revers de manches relevés, la tête penchée vers le sol pour faire contrepoids au sac qui lui scie les épaules, la taille serrée dans le ceinturon et comprimée par les cartouchières remplies, la baïonnette qui ballotte dans les jambes, il sème sur la route la sueur qui ruisselle de ses joues empourprées. La poussière soulevée sur son passage couvre son visage où l'on ne distingue plus que deux yeux brillants. Et ces yeux reflètent la pensée de son cerveau assoupi dans la fatigue : la fin de l'étape, le cantonnement. De temps à autre, il donne un coup de rein pour soulever le sac et décomprimer la poitrine, mordillant son brûle-gueule ou roulant dans ses doigts crasseux quelque cigarette quand la fortune l'a favorisé d'une feuille de papier et d'une pincée de « fin ».

Quand le sifflet du chef, l'arrête pour lui donner son repos de dix minutes toutes les heures, sitôt les faisceaux formés, il se laisse tomber plus qu'il ne s'assied là où il se trouve. Suivant son état d'esprit ou bien il ouvre sa musette et puise quelques bribes de pain qu'il assaisonne d'une sardine, ou bien il s'endort pour quelques instants.

Mais bien vite il faut repartir, et ses pauvres pieds échauffés lui font payer ces quelques minutes de repos. Pendant quelques centaines de mètres, il a l'impression de marcher sur des aiguilles, puis la douleur cesse et il reprend sa chanson égrillarde qui l'aide à se rapprocher du but de sa convoitise, les yeux fixés sur la marmite enfumée de la cuisine du matin, — accrochée dans le dos du camarade qui le précède, toujours courbé en deux et ne retrouvant quelques ardeurs pour se redresser que devant les regards attendris et apitoyés des femmes et des filles qui le regardent passer.

> « *Et au p'tit trot, p'tit trot, p'tit trot !*
> « *C'est le refrain de son moulin.* »

A la tombée de la nuit nous arrivons à Tilly-sur-Meuse. Ma section est répartie dans deux maisons du village et sitôt l'installation faite, les distributions effectuées, les feux s'allument aux bords des maisons, les cuisiniers préparent la soupe et le « rata » si bien gagné pendant qu'au milieu de la route passe un régiment d'artillerie dont les caissons ébranlent le sol.

Quant à moi, le fourrier vient m'annoncer avec un air de circonstance que je loge chez Mlle Adèle !

Mlle Adèle, dont je finis par trouver la maison est une pauvre vieille femme de 90 ans qui a pu trouver à grand'peine une couverture et un matelas qu'elle a disposés avec une bougie dans une pièce qui lui sert de salle à manger. La chaleur de la journée m'a coupé tout appétit et je n'ai envie que de boire. Je m'endors après avoir absorbé deux litres de lait que je ne prends pas la précaution de faire bouillir.

Le lendemain samedi 10 août, nous repartons à 6 heures, nous nous arrêtons au bout de la première pause et nous restons deux heures à assister à un interminable défilé d'artillerie.

Pendant ce temps le capitaine nous lit le compte rendu officiel de l'occupation de Mulhouse et de différents engagements de cavalerie. Nos hommes enthousiasmés, applaudissent,— poussent de vigoureuses acclamations et repartent avec entrain. Nous traversons Villers à 9 heures. Mais peu à peu le le soleil monte à l'horizon et la chaleur redevient accablante. L'étape n'est que de vingt kilomètres. Mais cette fois, après l'effort de la veille, nos hommes sont fourbus. Il faut les soutenir, et les encourager tout le temps. J'arpente la colonne et malgré mes encouragements, malgré mon alcool de menthe que je distribue à droite et à gauche, ils tombent comme des mouches.

Et j'ai le plus grand mal à éviter que la contagion ne se répande par trop. Enfin nous arrivons à Haudainville.

Nous avons effectué les derniers 15 kilomètres en pleine chaleur de 10 h. 1/2 à 13 h. 3/4.

On se nettoie, on s'installe, on mange un peu et,

moins d'une heure après, un sommeil réparateur tombe sur tout le cantonnement plongé subitement dans le silence.

Vers 5 heures du soir, la vie reprend et nous regardons passer plusieurs biplans qui filent vers l'Est.

Je suis assez patraque, j'ai la fièvre, mal à la tête et mal aux dents.

Je passe une mauvaise nuit. Le matin, on ne parle pas de départ. Je me décide au grand remède, je me fais arracher une dent par le dentiste du bataillon. Je crois, ma parole, qu'il m'a soulevé moi et la chaise sur laquelle j'étais assis, au bout de son davier.

Mais je ne suis pas à la fin de mes maux, le lait non bouilli que j'ai bu l'avant-veille m'a donné une sorte de fièvre aphteuse des plus désagréables. J'ai la bouche couverte d'aphtes et quand j'avale une miette de pain, j'ai l'impression d'un coup de brosse sur la langue.

La journée me semble maussade, nous voyons circuler de nombreux aéros, mais rien ne vient troubler le calme de notre séjour. Si, cependant le soir, les premières lettres arrivent... Avec quelle frénésie tout le monde se rassemble autour du fourrier qui les distribue et les heureux s'en vont dans les coins lire les quelques mots de leur famille où l'enthousiasme est mêlé à une affectueuse anxiété...

Le lendemain, je n'y tiens plus, je vais voir le médecin qui me conseille le chlorate de potasse, mais il n'en a pas.

Puisqu'on ne part pas, je vais aller en chercher à Verdun. Je vais trouver le colonel, je lui expose mon cas, il me donne un laissez-passer. J'emprunte une bicyclette chez mes hôtes et je file muni des commissions de tout le monde. J'arrive à Verdun en une demi-heure. J'achète une montre pour le capitaine chez un horloger qui fait ses malles et me précipite chez le pharmacien, où j'achète de l'aspirine, de l'alcool de menthe, du chlorate de potasse et toutes sortes de petites drogues si utiles en campagne.

Pendant que le pharmacien empaquette mes produits, j'aperçois une petite femme en noir qui vient à moi avec effusion. Je suis un peu ébahi, mais elle se nomme bien vite, c'est la marchande de chaussures de Saint-Mihiel qui m'a vendu une paire de chaussons. Elle est venue voir son mari qui est à Verdun dans la territoriale et elle s'informe de ma santé.

Je fais encore quelques emplettes et je me munis de nombreuses conserves trouvées dans les fonds de boutiques des épiciers de la ville. Et avant de repartir je veux boire un bock. Mais il est interdit d'entrer dans les cafés et force m'est de siffler un verre de bière tiède presque sur le zinc pendant que le cafetier me fait sortir par une petite porte.

Mon retour au cantonnement est salué par tous. Je distribue les commissions faites aux uns et aux autres, et comme tout déjeuner, me mets à sucer mes pastilles de chlorate de potasse qui me donnent une petite sensation de brûlure fort désagréable dans la bouche.

L'après-midi, je montre à mes hommes, sur la carte, ce que nous savons des opérations. Et le capitaine nous lit le récit du combat de Mangiennes qui vient d'avoir lieu le 10 août et où une forte reconnaissance allemande est tombée sur le 130ᵉ et le 102ᵉ de ligne. Le 130ᵉ a eu un bataillon très éprouvé par des feux de flanc de mitrailleuses, mais notre 75 est arrivé et, après avoir anéanti une batterie allemande, a forcé l'ennemi à une prompte retraite qui est devenue une déroute.

Le soir, on parle de départ incessant. Nous sommes prêts. Le lendemain, personne n'est parti.

Aux environs du village, il y a un gros troupeau de vaches où on peut prendre du lait. Mais cette fois, on le fait bouillir. J'ai une idée géniale, j'en fais part au cuisinier de la section et je pars à la recherche de ce qui est nécessaire pour relever la cuisine de la section.

Je ramasse une certaine quantité d'œufs et de farine et le soir, vers 6 heures, la poêle à la main, je tourne moi-même la première crêpe. Elles ont un succès fou et le bruit se répand partout que le sous-

lieutenant (ou plutôt « Toto », c'était mon surnom)
a fait de merveilleuses crêpes.

Je m'endors satisfait de mon expérience culi-
naire et désolé seulement de n'avoir pu goûter mon
entremets. Ah ! maudit lait non bouilli !

A minuit, le départ nous est annoncé pour une
heure. On se rassemble tant bien que mal en silence et bientôt la longue colonne formée s'ébranle
dans la nuit.

V

Gincrey et Billy-sous-Mangiennes

V

GINCREY ET BILLY-SOUS-MANGIENNES

(Vendredi 14 août-Samedi 15 août)

Partis d'abord sur Verdun, nous tournons rapidement vers le nord-est, nous dirigeant sur Étain. Nous faisons ainsi une vingtaine de kilomètres dans une obscurité complète. Nous traversons une région accidentée et toute bouleversée de travaux de retranchements.

Soudain, à un croisement de route, l'automobile du général commandant le corps d'armée apparaît. Sous l'œil du chef, les fusils se redressent et l'allure se rectifie. Le général descend et regarde passer son corps d'armée.

Depuis quinze jours, plusieurs régiments travaillent à fortifier ces Hauts de Meuse. Les tranchées, les abris pour mitrailleuses surgissent de partout.

Les travaux que nous jugeons inutiles dans notre belle insouciance semblent en tout cas faire du pays une barrière infranchissable.

Petit à petit, le jour s'est levé, les buées se dissipent aux premiers rayons du soleil, nous embrassons d'un coup d'œil la plaine d'Étain.

Nous descendons. Un peu avant Étain, nous bifurquons à l'ouest et nous allons, paraît-il, cantonner à Gincrey.

Vers 10 heures du matin, nous faisons la grand'-halte sur le bord du fossé. Elle est suivie d'un sommeil réparateur.

Puis on repart ; vers 2 heures, nous arrivons à Gincrey.

Un pauvre petit village, dix maisons à peine autour d'un carrefour de route, au milieu d'une plaine bordée de grands bois. Nous y pénétrons ; la route est déjà coupée, les maisons sont barricadées et nous avons ordre de nous installer en cantonnement d'alerte.

On se case tous tant bien que mal. La journée se passe ainsi en de petites organisations. Je déniche un coin où je pourrai dormir cette nuit. C'est tout à côté des chevaux du commandant, presque sous leurs pieds.

Devant moi, une prairie coupée de petites haies et de rigoles et, au delà, la plaine.

Le soir un clair de lune merveilleux illumine le paysage que j'aperçois du coin où je suis étendu et je m'endors à côté du cheval qui vient de s'étendre, la main à proximité de mon revolver... Mes hommes sont à trois pas de moi dans la grange voisine...

A 1 heure et demie, branle-bas dans le village, on part dans une heure... On se lève vivement, on réchauffe le café sur une flambée de bois mort et, lestés d'un quart de jus, on se rassemble.

Ma section est en tête du bataillon, je dirige la marche. Nous cheminons dans un sentier impossible, à travers bois. Nous recommençons la promenade dans le noir de la nuit dernière.

Lorsque le jour se lève, nous apercevons dans le chemin et dans les fossés des étuis et des débris de paquets de cartouche. Ça a dû chauffer par là...

Vers huit heures, nous sortons enfin des bois, et nous arrivons à Billy-sous-Mangiennes où nous relevons le 102ᵉ. Ce régiment a pris part, lundi dernier (10 août), à l'affaire de Mangiennes. Nous opérons la relève et nos hommes échangent leurs impressions sur le baptême du feu. Et ils s'installent. Le fourrier m'indique mon logement. Je cours y procéder à un brin de toilette.

Mon hôtesse est encore sous l'impression de l'affaire de Mangiennes. Elle me conte que lundi dernier vers la même heure, elle a vu passer tout un régiment. Elle a remarqué un jeune lieutenant aux cheveux blonds : « Il marquait bien quinze ans, il s'est arrêté un instant pour boire un peu d'eau, il était tout feu, tout flamme, il voulait les voir de près, ces sales Prussiens, et le soir, vers 6 heures, elle l'avait vu repasser, étendu sur une charrette, tout couvert de sang et la tête entourée de bandeaux, elle s'était approchée, il l'avait reconnue de ses pauvres yeux éteints et il avait murmuré :

« Je meurs, mais je meurs content, j'ai vu la grande fête. »

A midi, nous recevons l'ordre de prendre les avant-postes à Muzeray, à 3 kilomètres à l'Est. Nous partons donc vers ce nouvel endroit.

En route, nous apercevons de chaque côté de notre chemin des chariots qui s'en vont à travers champs.... c'est la corvée chargée d'enterrer les morts. Il y a eu par là, lundi dernier, plusieurs centaines d'Allemands tués. Il paraît qu'ils ne ramassent pas les blessés et qu'ils achèvent sur place ceux qu'ils ne peuvent emmener...

Nous nous arrêtons avant d'entrer à Muzeray. Bientôt paraît sur la route une charrette accompagnée d'un cavalier. Cette voiture emmène deux blessés : un chasseur à cheval et un uhlan. Le cavalier qui escorte la voiture brandit avec fierté une lance de uhlan. C'est le premier prisonnier qu'on aperçoit, tout le bataillon se déplace pour aller voir et j'apprends l'histoire...

Le Français a été pris et emmené par deux uhlans, suspendu entre leurs deux chevaux, mais il avait conservé son couteau et il a coupé la corde. Il est tombé par terre. Ses camarades l'ont délivré et ont pris un de ses ravisseurs... et tous deux sont là dans la charrette. Mais il paraît que le Français est surtout étourdi par sa chute et par l'alcool qu'il a bu pour fêter son heureux sauvetage.

Quant au uhlan, il est étendu sur la paille, les yeux ternes et exsangue : il a bien l'air d'avoir quinze ans et il inspire plus la pitié que la haine.

Le capitaine m'appelle. Nous allons entrer dans le village et l'occuper, je vais aller relever le petit poste situé dans le bois à 500 mètres à l'est du village, face à Spincourt.

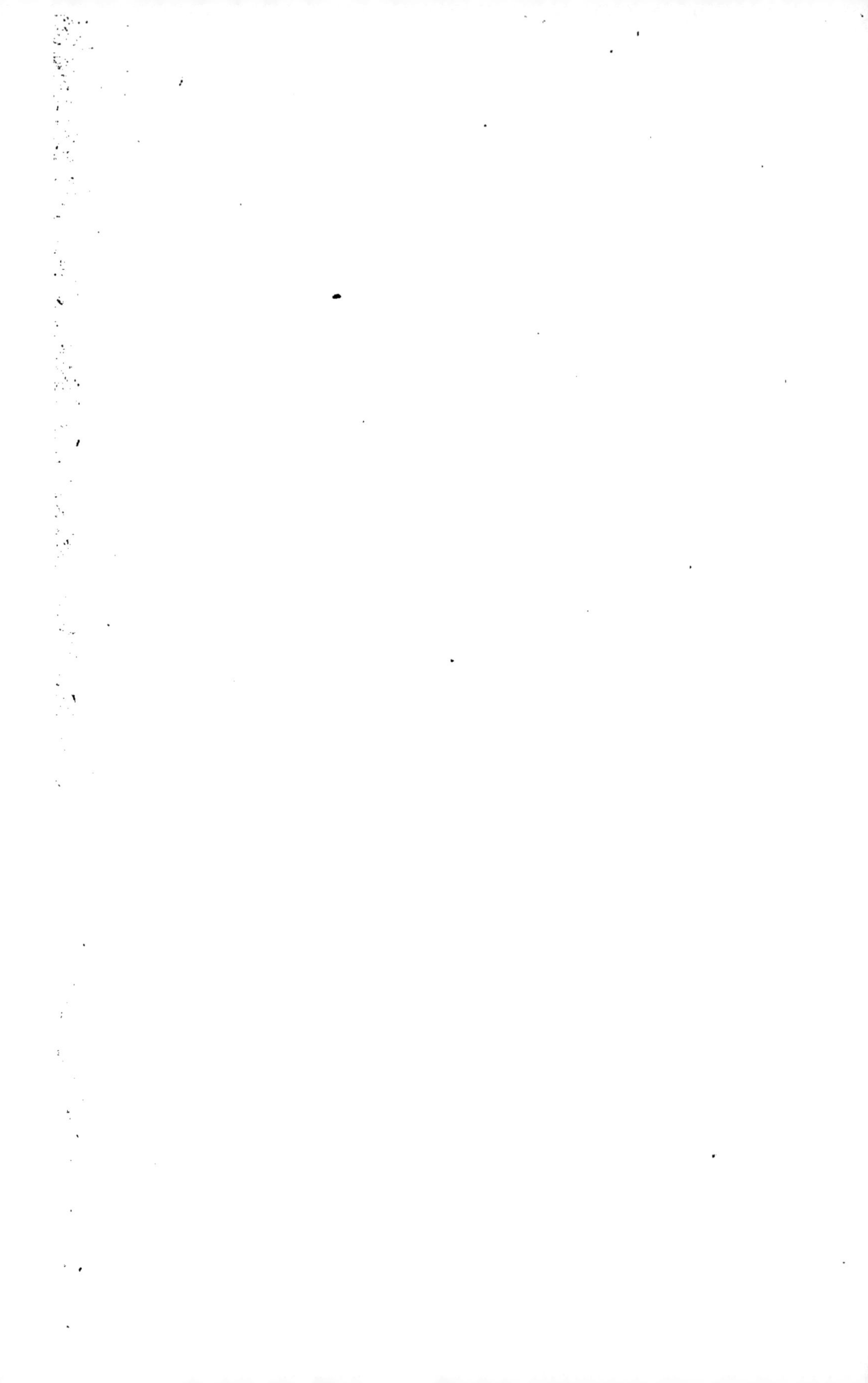

VI

Muzeray

VI

MUZERAY

(Dimanche 16 août - Mardi 18 août)

Depuis cinq minutes, nous sommes parvenus dans le bois. Je fais former les faisceaux, sortir les outils et tout mon petit monde de bûcherons se met à l'œuvre.

A l'aide d'une précieuse scie articulée, une dizaine d'arbres sont rapidement abattus. Pendant ce temps, d'autres fichent en terre des pieux en forme de fourche. On met les premiers sur les seconds.

Des branchages et de la paille sur le tout improvisent un toit et, en moins d'une heure, nous installons un abri pour 60 hommes.

D'autre part, les cuisiniers se mettent à l'œuvre et préparent le « rata ».

Et la pluie tombe à verse ! La nuit est complète. Aux dernières lueurs des foyers mourants nous mangeons.

Puis tout le monde se glisse sous les abris. Toutes les heures, je surveille la relève des sentinelles.

Ah ! ces longues nuits aux avant-postes ! Dans l'obscurité complète, à la pensée de voir surgir l'ennemi d'un moment à l'autre, on demeure prêt à jouer de la baïonnette ou à presser la détente du fusil.

Parfois, la pensée s'envole pour un moment vers le foyer familial où règne aujourd'hui l'anxiété, vers les bonnes soirées d'autrefois et vers l'avenir... mais bien vite une feuille qui tombe, un lapin qui passe, vous rappellent à la réalité.

A minuit environ, une de nos sentinelles crie : Halte-là ! et on entend distinctement le bruit de l'armé du fusil. On m'appelle. L'échange du mot a lieu : ce sont les vivres qu'on nous apporte. On leur fait une petite place sous l'abri et le calme reprend.

La nuit s'écoule sans autre incident. La pluie est devenue fine et pénétrante, et nous sommes trempés jusqu'aux os lorsque le matin on vient nous relever.

Nous rentrons au village.

Mes hommes se secouent, s'ébrouent, et vont prendre un peu de repos en faisant sécher tant bien que mal leurs effets. Je bois un peu de café chaud et je m'étends sur un bon lit qu'une brave femme met à ma disposition.

A midi, le capitaine m'invite à déjeuner chez ses

hôtes. Ce sont de bien braves gens ; ils savent que je suis souffrant et que je mange difficilement, ils me font des petits plats et le vieux patron va chercher dans sa cave quelques bonnes bouteilles de vin de Lorraine, du Thiaucourt 95, s'il vous plaît, fort appréciable.

Il nous raconte la récente visite des uhlans au village. Ils sont arrivés, il y a cinq jours, vers 4 heures du soir sans crier gare. Ils sont entrés par des petits sentiers qui ouvrent sur la campagne et seulement connus des habitants.

Ils ont simplement demandé à boire du vin. Cambrés dans leurs uniformes gris sur leurs grands chevaux noirs, leurs lances métalliques à la botte, ils ont bu sans descendre, promenant sur tous des regards de conquérants et de parvenus.

L'officier qui commandait le peloton agitait son monocle et paraissait « fier comme Artaban ».

Une heure après, ils sont partis comme ils étaient venus, sans rien dire, ayant tout vu, tout noté et tout repéré.

Ce récit nous intéresse beaucoup. Et dans la journée, nous allons reconnaître ces petits sentiers de traîtres par où le village donne sur la campagne. Nous improvisons des barricades et nous postons des sentinelles.

Le soir nous dînons encore dans cette aimable famille où la mère et la fille font une cuisine délicieuse et où le père nous fait les honneurs de sa cave.

Le lendemain matin, je vais porter un ordre à un poste avancé, dans une petite ferme située à 500 mètres en avant du village. J'y arrive pour la relève du poste. Je transmets l'ordre et j'opère la visite des lieux avec le chef de poste, revolver au poing. C'est une ferme où sont logées deux familles de sept ou huit personnes.

A un kilomètre de là, vers l'est, coule la petite rivière de l'Othain, de l'autre côté de laquelle tous les jours on peut voir circuler les uhlans à certaines heures.

Je rentre au village, et le soir, à 5 heures, le général de brigade vient inspecter la position et donne l'ordre de fortifier le village.

Le capitaine m'ordonne, en vue de prévenir une attaque possible des Boches au petit jour, de faire une patrouille en avant des lignes, demain à 3 heures.

Je choisis mes poilus et je m'endors avec eux sur un peu de foin dans une grange à proximité d'une sortie du village.

A 3 heures, nous nous levons sans bruit et en avant, baïonnette au canon. Nous sortons sans peine et nous gagnons en cinq minutes la ferme avancée. Recommandation à la dernière sentinelle de ne pas nous tirer dessus autant que possible et nous voici en pleine nuit à la lueur de quelques étoiles entre les lignes allemandes et les lignes françaises. Par petits bonds successifs, nous gagnons la rivière de l'Othain.

Nous la longeons pendant 1 kilomètre environ, nous rapprochant de Spincourt. De temps à autre, nous nous arrêtons tous couchés à plat ventre. Mais nos yeux attentifs ne découvrent rien. Ce n'est pas ce matin que les Allemands nous attaqueront, et petit à petit, au fur et à mesure que le jour se lève, nous revenons vers le village.

En nous rapprochant des lignes, nous apercevons de-ci de-là, par-dessus le parapet des tranchées, des petits points noirs qui font de courtes apparitions. Ce sont les veilleurs qui guettent notre retour.

Dès cinq heures, les tranchées sont réoccupées, on continue leur aménagement jusque vers dix heures, où nous recevons l'ordre de les évacuer immédiatement. Le 46ᵉ vient nous relever et dans une heure nous partons.

Une heure après, en effet, après avoir mangé un morceau sur le pouce et refait notre ballot, nous reprenons la route vers Romagnes-sous-les-Côtes, nous dit-on. Et comme nous nous ébranlons, nous entendons une vive fusillade. Ce sont les patrouilles de la relève qui ont dû rencontrer quelques uhlans.

Le temps est légèrement voilé, mais il y a sur la

route une poussière intense qui dessèche la gorge et pique les yeux.

Et voici que nous traversons le champ de bataille de Mangiennes.

Nous voyons çà et là sur les bords de la route des paquets de cartouches éventrés, des linges et de la paille tachée de sang.

On en voit de longues traînées dans certains vallonnements du terrain. Ces débris voisinent avec des uniformes lacérés et des morceaux d'équipements de toutes sortes.

Ce sont les cheminements suivis par les pauvres blessés qui cherchaient à gagner le poste de secours en s'abritant des balles perdues et des feux d'enfilade des mitrailleuses allemandes.

Partout, jusque sous nos pieds, la trace du passage de la mort, et au loin, sur les crêtes, de place en place, des petites croix.

Puis nous passons près d'un grand tumulus où sont enterrés 127 de nos camarades. Il est surmonté d'une croix sur laquelle sont gravés ces mots : « *Honneur et gloire au* 130° *de ligne* » (Mangiennes, 10 août 1914).

La compagnie rend les honneurs à mon commandement et je constate que les hommes mettent tout leur cœur de soldat dans cet hommage rendu aux restes de leurs camarades, et plus d'un pense peut-être que voilà le sort qui les attend demain.

Et j'entends un de mes sous-officiers, un de ces vieux briscards de carrière, qui dit à ses hommes :

« Ah ! ça, n. de D..., cadencez le pas, relevez la tête, les morts vous regardent passer ! »

Nous nous arrêtons un instant dans le village de Mangiennes. Et ce sont les lamentations des habitants. Quelques maisons ont été atteintes. Par-ci par-là quelques pans de murs effondrés et presque tous les carreaux brisés.

Quand nous repartons, nous traversons encore le champ de bataille. Cette fois, le terrain est coupé de nombreuses tranchées faites au ras du sol et couvertes de branchages. Et tout autour de nous les traces d'un combat acharné.

Petit à petit, nous nous élevons, nous sommes maintenant sur les positions de l'artillerie. Nous apercevons des tas de cartouches, des obus non éclatés et les trous d'obus de l'artillerie ennemie.

Mais il paraît que notre 75 a fait merveille et a complètement anéanti les batteries allemandes.

Nous pénétrons dans une région boisée, et sur les lisières de chaque côté de la route, des tranchées, des abris toujours parsemés de débris de pansements ensanglantés et de culots de cartouches.

Enfin, nous débouchons au pied de Romagnes-sous-les-Côtes et nous émergeons avec joie de cet antre de la mort.

VII

Romagnes-sous-les-Côtes

ROMAGNES-SOUS-LES-COTES

(Mardi 18 août-Vendredi 21 août)

Là aussi les issues du village sont barricadées, on a même construit sur la route un véritable mur qu'on a dû éventrer pour les allées et venues des troupes.

Mais où est le délicieux petit village de Muzeray ! Celui-ci est un horrible cloaque, où le fumier et la boue bordent les maisons et occupent certainement plus de place que les habitants.

Ma section se voit allouer pour tout cantonnement un morceau de grange à foin et le principal travail jusqu'au soir consiste à nettoyer les alentours.

Quant aux officiers, ils n'ont pas de logement spécial. Impossible de trouver autre chose qu'une étable. C'est peu.

J'avise un bâtiment isolé, je finis par savoir que c'est le local de la pompe à incendie.

Je déniche un pompier du village qui consent à

grand'peine à me donner la clef malgré mes injonctions plutôt impérieuses.

Mais il faut l'autorisation du maire pour coucher entre les brancards de la pompe à incendie. Je vais au maire ou plutôt à l'adjoint qui le remplace.

Celui-ci refuse l'autorisation fort peu civilement. Je suis furieux, je lui restitue la clef en lui donnant la monnaie de sa pièce et j'ajoute :

« Vous verrez dans quinze jours, mon brave, si les Allemands viennent vous demander la clef de la pompe à incendie pour coucher leurs officiers ! Ah ! les militaires, les militaires ! Mais, bougre d'âne, où seriez-vous si vous ne les aviez pas ! »

Et je m'éloigne, ne me doutant pas de la justesse de ma prophétie improvisée.

Quinze jours après, en effet, je l'ai su depuis, les Allemands pénétraient à Romagnes et mettaient tout à feu et à sang, jetant au ruisseau les enfants qu'ils avaient piqués du bout de leur baïonnette.

Une pauvre femme voisine de notre cantonnement finit par m'offrir un lit qui ne faisait rien derrière ses fenêtres fermées, mais qu'elle gardait inoccupé, mon Dieu, elle ne savait pas pourquoi mais surtout de peur qu'on ne lui prît tout. Je la rassure et occupe la place, enfin soulagé de la perspective d'une nuit sur un tas de fumier.

Le lendemain matin, repos. On en profite pour se nettoyer et mettre un peu d'ordre.

Personnellement, après avoir jeté un coup d'œil sur mes hommes et leur équipement, je songe à mes cartes. Je prépare celle de la Belgique où nous allons sans doute pénétrer d'un jour à l'autre.

Les Allemands ont attrapé une sérieuse frottée devant Liége, paraît-il.

La journée se passe ainsi avec une petite promenade sur la colline à laquelle nous sommes adossés. Du sommet on domine toute la plaine de la Woëvre et le spectacle est vraiment beau.

Le soir, on profite du calme du présent pour soigner le repas. Mais il faut aller au diable pour chercher de l'eau.

Le lendemain matin, départ aux alentours du village pour un exercice.

Au cours dudit exercice nous voyons arriver une auto d'où descend un officier aviateur qui vient préparer un atterrissage dans une prairie voisine.

Bientôt le ronflement d'un moteur se fait entendre et, majestueux, paraît l'avion. Mais, ô sainte horreur ! c'est un Boche. Aussitôt de toute part crépite une fusillade un peu trop spontanée...

Étant au centre du cercle formé par une sorte de cirque où nous faisons notre exercice toutes les balles retombent en pluie autour de nous. Je fais coucher mes hommes et nous attendons la fin de ce petit jeu au milieu du sifflement des balles et du susurrement des ricochets, à moitié satisfait de ce baptême de feu inattendu.

Heureusement personne n'est atteint et on se hâte d'en rire... comme l'aviatik probablement, qui n'a pas été atteint et qui continue sa route dédaigneusement vers les lignes allemandes...

Dans la journée, calme complet et nouveau repos. On attend incessamment l'ordre de départ. Il paraît que les Allemands font des travaux considérables en Luxembourg.

Le soir, le capitaine, qui pense à tout, me demande mes propositions pour l'avancement de mes hommes. Nous échangeons nos idées à ce sujet et nous nous couchons.

Réveil en pleine nuit.

Nous partons dans quelques instants. A 7 heures nous sommes encore là l'arme au pied. Nous n'allons pas loin, heureusement : à 15 kilomètres de là, à Saint-Laurent-sur-Othain.

On prend le quart de jus traditionnel et en route, cette fois sans aucun regret.

VIII

Vers la bataille

VIII

VERS LA BATAILLE

(Vendredi 21 août)

A 8 heures, la colonne s'ébranle.

Au bout d'une heure et demie de marche nous commençons à entendre le canon.

Nous arrivons bientôt à Saint-Laurent-sur-Othain, mais nous ne nous y arrêtons pas, à notre grand regret, du reste : les gens ont l'air très accueillants. Ils veulent tous avoir des soldats.

Nous traversons le village et petit à petit nous descendons la délicieuse vallée de la Chiers.

Une belle verdure, solidement agrippée aux pentes, fait de ce petit vallon un site rêvé.

Et la voix du canon gronde plus fort.

Peut-être allons-nous faire quelque chose d'intéressant aujourd'hui. Ah ! on va donc les voir, ces sales Prussiens !

Vers 11 heures, toujours sans nous arrêter, nous

atteignons Longuyon. Accueil délirant. Tous les habitants sont sur leurs portes, ils ont tous préparé quelque chose, il y a des seaux tous les mètres ; dans celui-là c'est du vin, dans cet autre du cidre, là du sirop, du café sucré ou même de l'eau et de l'absinthe. Chacun a droit à son petit cadeau : petits-beurres, tabac, allumettes, bonbons, sucre, chocolats, saucissons. Al. ! les braves gens, je crois qu'ils nous auraient tout donné.

C'est qu'il y a trois jours ils avaient les Allemands.

Nous les rassurons : « Vous les avez vus, soyez tranquilles, vous ne les reverrez plus. » Puis, nous sortons du village pour remonter sur le plateau de Tellancourt, toujours une région escarpée et délicieuse.

Nous faisons une courte halte et chacun de savourer le petit cadeau des habitants de Longuyon, d'autant plus apprécié que le café de ce matin est loin et nombreux sont ceux qui ont déjà mangé leurs provisions et le pain de la journée. Personnellement, je grignote avec délice des petits-beurres.

Nous repartons, il est près de 14 heures. Voici l'artillerie qui nous double et nous nous allongeons en file indienne dans les fossés pour lui laisser la route. On marche, on marche, mes hommes commencent à être las et le canon tonne toujours.

En traversant Tellancourt nous passons auprès d'un sergent-major prussien, prisonnier. Les uhlans circulaient encore là dans la matinée.

Ah ! cette fois, je crois que c'est la bonne. Nous les tenons.

A 4 heures, nous marchons encore et nous arrivons en vue de Saint-Pancré, à deux kilomètres de la frontière de la Belgique. Le village est au fond d'un entonnoir dont les crêtes sont couronnées de grands bois.

En traversant le village, nous croisons un escadron de chasseurs qui revient de reconnaissance. Nos chasseurs se sont battus avec les uhlans le matin. L'affaire a été chaude.

On ne s'arrête toujours pas. Nous ressortons de l'entonnoir par un petit sentier raviné.

Enfin, à la lisière des bois, nous nous arrêtons, nous avons quelques instants devant nous, nous pouvons faire le café.

Les cuisiniers font une flambée et chauffent le jus. J'ai parmi mes hommes un débrouillard qui part aux provisions et les autres, jouant de la hache et de la serpe, déblayent un taillis où ils improvisent un couvert pour la section.

Nous entendons toujours le canon, mais cette fois nous avons l'impression d'être tout près.

Soudain, vers 5 h. 1/2 la fusillade commence, d'abord par roulades saccadées et interrompues ;

bientôt elle se propage tout autour de nous et devient continue.

Ah ! diable, nous apprenons que le 113° est engagé et que le 1er bataillon du 131° vient d'être envoyé en renfort.

Sur ces entrefaites, voilà mon poilu qui revient du village. Il est couvert de provisions de toutes sortes. Décidément, ce type est épatant : les œufs frais, le sucre, le pain, l'eau-de-vie, rien n'y manque.

Une fois restauré, je vais faire un tour dans le bois qui nous enserre. On est mal à l'aise en cet endroit, on ne voit rien et la fusillade redouble tout autour de nous, dominée seulement par le bruit du canon. Il paraît que c'est le bombardement de Longwy que nous entendons. Je vérifie mon revolver, et ayant transmis le commandement, je fais une courte reconnaissance du bois. C'est un vrai maquis. Je finis par découvrir la compagnie voisine. Mon camarade me met au courant de la situation.

A la sortie du bois, un village à flanc de coteau. A la sortie du village, la vallée de l'Othain et c'est là qu'a lieu l'engagement. Les Allemands sont de l'autre côté.

Il paraît que nous avons déjà un de nos camarades blessé, le lieutenant de S...

Je rejoins mes hommes et, en rentrant, de temps

à autre, au-dessus de moi, j'entends un petit sifle-
ment de vipère.

J'arrive juste à temps pour rassembler mes hommes. A notre tour d'entrer en danse, mais la nuit
tombe, il est 6 heures du soir.

En traversant le bois nous rencontrons une charrette de blessés. Il s'y trouve précisément mon
camarade. Ce sont les premiers blessés que nous
voyons, nous les regardons avec une sorte de
curiosité émue.

« Eh ! bien, comment ça va, mon vieux ? dis-je
à mon ami.

— Pas trop mal, me dit-il d'une voix faible ; j'ai
une balle dans la poitrine, une dans la jambe gauche, une autre dans le bras droit. »

A la sortie du bois, je rencontre le chef de bataillon et le capitaine. Ils m'appellent.

« Vous voyez la corne du bois, là-bas ?

— Oui, mon commandant.

— Votre section en petit poste là, pour couvrir
le bataillon qui cantonne à Ville-Houdlemont.

— Bien, mon commandant. »

Nous gagnons l'emplacement indiqué.

Je poste mes sentinelles. Le jour baisse de plus
en plus.

Mes hommes s'adossent au talus de la route, sac
au dos et la main sur le fusil.

Je n'oublierai jamais les impressions de cette

nuit-là. L'engagement avait cessé avec le jour et l'obscurité était tombée, nous apportant de loin les notes vibrantes de la charge, mêlées aux cris de nos camarades qui s'étaient hardiment lancés à la baïonnette contre les retranchements allemands. Ajoutez à cela le bruit ininterrompu de la canonnade... A notre droite nous apercevions un arc de cercle lumineux, comme un immense brasier sans cessé avivé par les obus incendiaires de l'artillerie ennemie : déjà Longwy flambait sous nos yeux...

Nous étions sur une crête dominant toute la vallée au bas de laquelle nos camarades étaient à quelques centaines de mètres des Allemands.

La frontière était entre nous et les Allemands.

Parfois, on entendait une voix se détacher dans le silence de la vallée qui criait : « Halte-là... halte-là... », puis un ou deux coups de fusil, dix, vingt, trente, et le silence se rétablissait... Soudain, dix minutes après, une autre voix, celle-là plus rapprochée, criait encore : « Halte-là, halte-là ou je fais feu... » puis, pan... pan... pan... Et l'immense brasier flambait toujours.

Vers 3 heures du matin, un homme de la compagnie vint nous chercher : nous devions rejoindre le bataillon qui partait lui-même pour prendre son emplacement de combat.

IX

La bataille

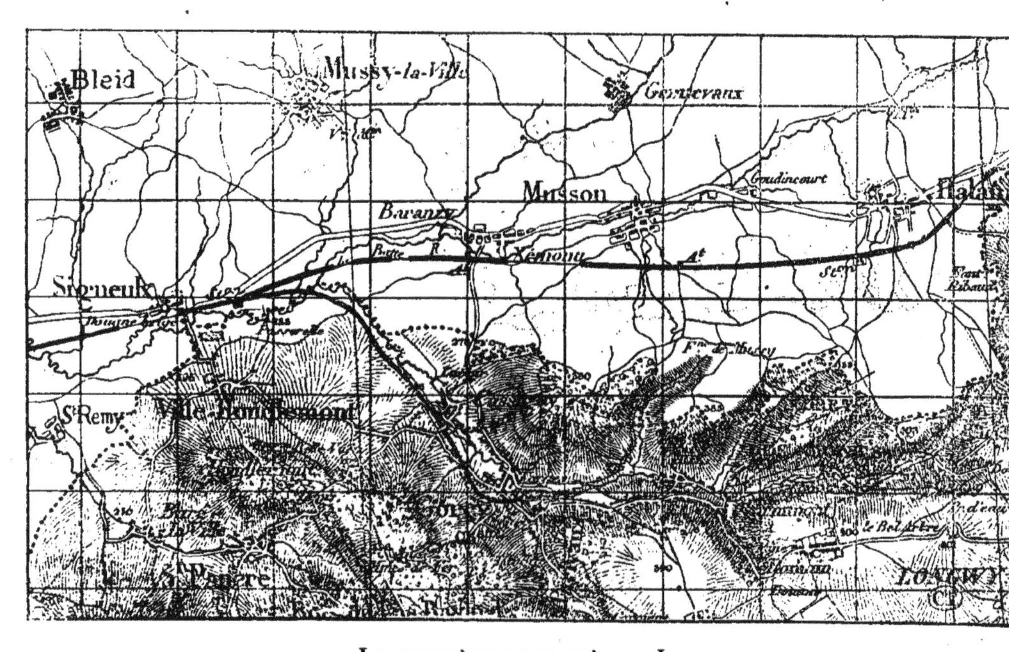

IX

LA BATAILLE

(Samedi 22 août)

Il est 4 heures, le jour se lève à peine. Il fait un brouillard à couper au couteau. Nous occupons une tranchée faite hier par le génie. Nous sommes en réserve, les troupes de première ligne occupent la vallée et les pentes du versant qui est en face de nous.

A 4 h. 50, le capitaine me communique par un agent de liaison l'ordre suivant :

N 1°. Expédié le 22 août 1914, à 4 h. 45 matin.

Lieu de départ : 5oo mètres N.-E. de Ville-Houdlemont.

Capitaine D...
à capitaine B... et chefs de section.

« L'ennemi s'est retranché dans la région *Mussy-la-Ville*, *Musson*,

« La 9ᵉ division se porte à l'attaque sur le front *Si-gneulx-Gorcy* (exclusivement).

« La 10ᵉ division attaque à sa droite sur le front *Gorcy-le-Bel-Arbre-Redoute.*

« Le 4ᵉ corps d'armée attaque à gauche sur *Saint-Léger-Châtillon.*

« L'attaque de la 9ᵉ division est appuyée à gauche au ruisseau *Baranzy-Gennevaux.* L'artillerie divisionnaire sur les hauteurs de Houdlemont. La 1ʳᵉ ligne traversera la voie ferrée *Signeulx-Gorcy* à 5 heures.

« On consommera un jour de vivres de réserve ».

Vers 5 heures, en effet, un crépitement se fait entendre comme si on abattait des arbres à 300 mè-tres en face de nous, à 600 mètres peut-être. Le brouillard est intense et nous cache même les objectifs que les ordres nous indiquent.

Vers 6 heures et demie un sifflement bien carac-téristique nous signale les premières balles éga-rées qui passent au-dessus de nos têtes. « Cette fois, je crois que la guerre est déclarée », dit un loustic.

Vers 9 heures seulement, le brouillard se dis-sipe ; jusque là nous aménageons notre tranchée. Nous sommes presque au fond de la vallée.

A 300 mètres de nous la petite rivière ; plus haut un talus de chemin de fer ; plus haut encore une route bordée d'arbres, et enfin la crête que je repère à la jumelle, 700 mètres. J'aperçois les élé-

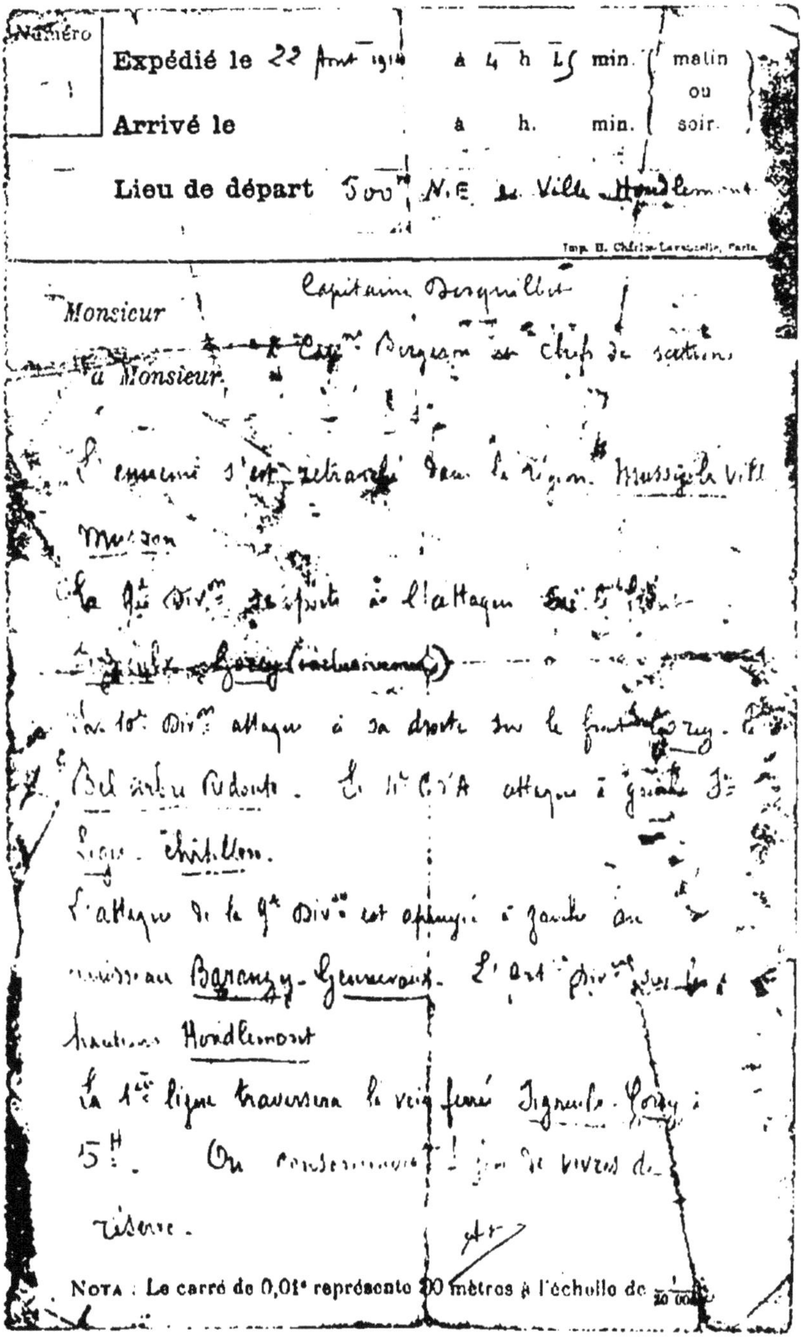

Numéro

Expédié le 22 Août 1914 à 4 h 15 min. matin ou soir

Arrivé le à h. min.

Lieu de départ Tour N.E. de Ville Houdlemont

Imp. H. Charles-Lavauzelle, Paris.

Monsieur Capitaine Bergueillet

~~Capne Bergeron et chefs de sections~~

à Monsieur

L'ennemi s'est retranché dans la région Mussy-la-Ville Musson

La 9e Divon se porte à l'attaque ~~sur St Léger~~

~~Signeulx-Gorcy (inclusivement)~~

La 10e Divon attaque à sa droite sur le front Gorcy-Bel Arbre Redoute. Le 1er C.A. attaque à gauche St Léger. Châtillon.

L'attaque de la 9e Divon est appuyée à gauche au ruisseau Baranzy-Gennevaux. L'Art. Divre sur les hauteurs Houdlemont

La 1re ligne traversera la voie ferrée Signeulx-Gorcy à 5H. On conservera 1 jour de vivres de réserve.

NOTA : Le carré de 0,01e représente 200 mètres à l'échelle de 1/20 000.

FAC-SIMILÉ D'UN ORDRE D'ATTAQUE DU 22 AOUT

ments de première ligne déployés en tirailleurs qui occupent la crête.

Soudain, je distingue au-dessus de la crête quatre petits nuages blancs, dont l'apparition est immédiatement suivie de quatre détonations qui ébranlent l'atmosphère. Sitôt ces nuages dissipés, je vois deux sections qui battent en retraite, laissant une dizaine d'hommes définitivement couchés ; plusieurs fois je regarde avec ma jumelle pour voir si cette tache noire remue encore.

Mais voici notre 75 qui se met de la partie et il chasse vivement ces impressions.

Il n'est pas en force, hélas ! et un quart d'heure après tout le personnel de la batterie est complètement anéanti. On aperçoit un lieutenant ; le seul qui reste, qui charge trois pièces et les fait partir une à une. De temps à autre une rafale ennemie arrive et la batterie tout entière disparaît sous une gerbe de flammes et de fumée.

Mais voici plus intéressant : en face de nous, à 800 mètres, des petits points gris à peine visibles se déplacent dans les avoines.

Un coup d'œil à la jumelle : plus de doute, ce sont les Allemands. Le capitaine donne l'ordre d'ouvrir le feu : « Feu à volonté, à 700 mètres ; point de repère : la maison de douane, un travers de main à gauche, dans les avoines...

« Commencez le feu. »

Le crépitement de la fusillade se fait entendre, et là-bas, de temps à autre, un petit point noir disparaît.

L'odeur grisante de la poudre nous monte aux narines.

Une demi-heure se passe.

L'artillerie allemande fait rage, la fusillade aussi et voici les mitrailleuses qui s'en mêlent. Elles tirent à toute vitesse, le bruit devient infernal. Il est 10 h. 1/2. On sent l'instant critique de la bataille. Soudain, le capitaine me crie :

« Protéger la retraite des camarades. »

Diable ! cela ne veut pas dire de s'en aller tout de suite.

Depuis un moment les événements se précipitent; les Allemands occupent la crête. Sur notre droite, sur une éminence située à 1.800 mètres, j'aperçois des masses d'Allemands qui avancent. Ce sont les renforts qui arrivent. Il semble en surgir de partout. Les objectifs ne manquent pas, on fait de la bonne besogne; tout à l'heure, une colonne par quatre s'est présentée à nous de flanc sur la route. Nous l'avons laissée se dérouler, puis nous l'avons fauchée : elle a vivement disparu.

Voici bientôt une heure que nous sommes seuls, il va falloir songer à nous retirer nous-mêmes. Pour la première fois, c'est vexant tout de même d'être obligé de battre en retraite.

Je fais battre en retraite ma section par petits paquets. Je reste seul enfin avec les six derniers hommes. Je prends un fusil, je fais moi-même le coup de feu et j'abats quelques points noirs.

Soudain, un homme me crie :

« Mon lieutenant, plus de munitions ! »

X

La retraite

BELGIQUE
Signeul
Ville-Houdlémont
Gorcy
S'Pancré
Tellancourt
LONGWY
MEUSE
Chiers
MONTMÉDY
G'Failly
LONGUYON
S'Laurent
Othain
DUN s/Meuse
Danvillers
Mangiennes
Romagne
Cunel
Viloine
Sivry s/Meuse
Billy
Muzeray
Montfaucon
Cierge
Nantillois
Consenvoye
Montfaucon d'Argonne
Ginerey
VARENNE
Bras
ÉTAIN
Boureuilles
VERDUN
Haudainville
CLERMONT en Argonne
Villers
Tilly sur Meuse
Aire
Triaucourt
Vaubécourt
S' MIHIEL
L'Isle-en-Barrois
Lahoycourt
Louppy

•••••• avant le 22 Aout   après le 22 Aout ••••••

X

LA RETRAITE

(23 août - 6 septembre)

Pendant que nous protégions la retraite, nos camarades profitant du répit réussissaient à se dégager. Parmi eux se trouvait le sergent Maurice Dupuy, blessé au premier jour de la bataille de la Marne. Son corps fut retrouvé à Laheycourt, le 13 septembre. Il venait de mourir, semblait-il. Ce chapitre est la reproduction à peu près intégraie de son carnet de route.

C'est le récit poignant de la terrible retraite. Tous les jours, ses forces physiques l'abandonnent un peu plus et tous les jours aussi son énergie morale croît et lui permet de tout supporter.

. . . .

Samedi 22 août.

Eh bien! nous l'avons reçu, le baptême du feu, et d'une triste façon. Hier soir après l'orage, nous avons entendu la fusillade vers 6 heures, puis une heure et demie après, nous avons reçu l'ordre de franchir la crête et d'aller cantonner à Houdlemont sur la frontière belge.

Nous avons passé la nuit dans un hangar jusqu'à 2 h. 1/2. A 3 heures nous partons pour aller à Ville-Houdlemont. Arrivés là nous prenons nos emplacements de combat : la compagnie est en réserve, en ligne par quatre, en arrière d'une crête à la sortie du village. A 5 heures le combat commence, les premières balles nous arrivent vers 6 heures.

Une heure après, le capitaine, au moment où ça chauffe sérieusement, m'envoie en patrouille avec cinq hommes pour aller trouver le commandant. Nous avons fait près de 1.500 mètres au pas de course avec les balles qui tombaient autour de nous. Deux de mes hommes restent en route : D... et L..., c'est dommage, deux bons gars. Je vois le long de la voie ferrée la première victime, un sapeur du génie, qui reçoit une balle dans la tête.

A 9 heures l'artillerie allemande ouvre le feu jusqu'à 10 h. 1/2 où nous recevons l'ordre de nous replier. Nous filons sous une grêle d'obus et de balles. Mon sac est resté en patrouille, je prends celui de D...

C'est pendant la retraite que nous avons perdu notre monde.

Les Allemands criblent le village de shrapnells, je file le long des murs en remontant mon sac sur la nuque. A chaque obus qui éclate, on voit des hommes tomber, parfois par tas. On patauge dans des ruisseaux de sang.

C'est un cauchemar épouvantable... et je me demande comment j'ai pu en sortir.

En quittant le village au milieu des voitures et des chevaux dételés qui se sauvaient, il y avait une rampe à monter, absolument nue et que les obus balayaient. A mi-côte je suis touché par un éclat qui me frappe aux reins en coupant ma musette et ma capote. Je ne sais si c'est allé plus loin; en tout cas je dois avoir une sérieuse contusion qui me gêne pour marcher et m'empêche de courir.

Le sous-lieutenant de Larmandie est resté en route, atteint à la colonne vertébrale, dit-on. Le lieutenant a un bras cassé et une balle à l'épaule. Je l'ai vu pendant la retraite. Après avoir franchi la crête j'ai suivi le flot et j'ai gagné Longuyon, où nous avons été très bien reçus. Mais combien de copains sont restés là-bas! C'est horrible d'y penser et s'ils sont restés aux mains de ces sauvages-là !

Dans la nuit d'hier, nous avons vu brûler Longwy qu'ils ont bombardé sans interruption.

En attendant nous sommes un petit groupe de la compagnie, une quinzaine environ, rassemblés ici.

Dimanche 23 août.

Nous nous réveillons rompus de fatigue, courbaturés plus qu'hier. Le coup que j'ai reçu me fait mal. Nous allons avec F... chercher quelque chose à manger... sans grand succès.

Nous quittons Longuyon pour rejoindre le régiment que nous retrouvons assez difficilement après une promenade dans la vallée de la Chiers qui est absolument délicieuse. La compagnie est réduite à une centaine d'hommes.

Au moment où on commence à faire la soupe, l'ordre arrive de partir en arrière, nous marchons longtemps sans pause et nous nous arrêtons sur une crête en arrière de Longuyon où nous assistons à un superbe duel d'artillerie. Je crois que les Boches ont dû prendre quelque chose : tandis que leurs obus éclataient très haut en l'air, on voyait les nôtres au loin éclater au ras du sol.

Le bataillon (effectif 300 hommes) formant deux compagnies sous les ordres du capitaine, se trouve derrière une crête, occupée par de l'artillerie lourde qui vient de partir, ayant été repérée par un avion.

Mais hier quel miracle d'être sorti de la bataille sans mal !

Lundi 24 août.

Ce matin nous avons été reprendre nos emplacements de la veille et la danse a recommencé.

Hier soir en gagnant le cantonnement j'ai compté cinq incendies dans la direction du N.-E. Nous sommes en avant du Grand Failly, dans la direction de Longuyon.

Le duel d'artillerie recommence. Les nôtres semblent prendre l'avantage, nous sommes soutien de l'artillerie lourde. Nous recevons l'ordre de nous porter en avant. Tout le monde part de bon cœur, espérant venger les camarades tués avant-hier.

A l'instant où nous partons des obus brisants commencent à tomber sur nous et nos batteries de 75. Il faut reculer sous le feu de l'artillerie comme avant-hier, mais du moins nous n'avons pas le village derrière no comme coupe-gorge.

Aussi nos pertes sont faibles, mais nous n'en sommes pas moins dispersés. Le capitaine a été atteint par un obus et doit être mort. C'est la perte la plus sensible que nous pouvions faire.

Finalement, après pas mal de chemin, nous arrivons à Damvillers dans l'après-midi. A 19 heures nous en repartons et nous allons coucher à 3 kilomètres de Verdun au point de rassemblement du corps d'armée.

Mardi 25 août.

Réveil à 5 heures. Nous rejoignons un groupe du régiment ramassé par un aspirant. Tous nos officiers sont morts héroïquement.

La canonnade a duré presque toute la nuit. Nous suivons la route de Consenvoye. Nous sommes bien reçus ; le maire nous loge à la mairie et nous fait donner du pain et du vin. On en avait besoin.

A midi nous gagnons la gare pour aller à Verdun. Le train de 12 h. 53 qui devait nous emmener est passé bondé. Il a fallu attendre le suivant.

A 16 heures on nous annonce que le régiment est à Ecurey (à 11 kil.). Nous partons. Nous nous arrêtons à Sivry-sur-Meuse où nous bivouaquons dans un pré entre la Meuse et le canal de l'Est. Il fait froid et humide.

Mercredi 26 août.

Après avoir grelotté toute la nuit, réveil à 3 heures. Nous regardons passer des convois pendant deux heures. Nous gagnons sur la rive gauche de la Meuse et remontons au Nord jusqu'à Vilosnes. Nous attendons le régiment qui arrive à 11 heures et nous le suivons jusqu'à Nantilloy.

Ce matin on a commencé à faire sauter les ponts sur la Meuse. On sonne le tocsin pour avertir les habitants. Il faut quitter le pays. C'est sinistre de voir tous ces gens se sauver dans des charrettes ou à pied, portant des enfants et des paquets.

A 7 heures du soir nous arrivons au cantonnement où nous avons le plaisir de voir notre artillerie descendre un avion allemand.

Jeudi 27 août.

Nous avons vraiment passé une bonne nuit. De 21 heures à 5 heures, nous sommes restés dans le foin. A 10 h. 1/2, nous repartons et retournons vers la Meuse. Derrière une crête, on nous distribue des outils de parcs et on nous conduit par des chemins défoncés à la lisière d'un bois. Il a plu toute la nuit et une partie de la matinée.

Nous commençons une tranchée à la lisière du bois, mais c'est long, on ne pourra finir que demain. D'ici, on domine une large coupure de la vallée de la Meuse. La vue est jolie, en face de nous se profile la gracieuse petite ville de Dun.

Le canon tonne toujours.

A 20 heures, je pars aux distributions avec le sergent-major P... Il faut faire un chemin interminable à travers champs, au moins 3 kilomètres et la viande laissée au soleil depuis trois heures s'est gâtée. On l'emporte tout de même, mais elle ne sera plus mangeable demain.

A 23 heures passé, nous rejoignons la compagnie ; la nuit est froide, on va geler sous bois. Un projecteur a fouillé les rives de la Meuse toute la nuit.

Vendredi 28 août.

J'ai grelotté sans cesse et je n'ai pas pu dormir, j'étais obligé de me lever par moments pour me remuer et me réchauffer.

On termine la tranchée vers 7 heures. Nous restons ici pour défendre le passage de la Meuse.

A 8 heures, nous organisons des abattis dans le bois au bas de la crête que nous occupons. Peu après midi, on aperçoit au loin, près d'un bois, à environ 3 kilomètres sur une crête, des cavaliers bientôt suivis de fantassins qui se mettent aussitôt à faire des tranchées.

Est-ce une tentative de passage pour ce soir ou demain ? Peut-être... Ils ont été repoussés à Stenay hier.

Heureusement que nous sommes sur une position défensive, car je suis de plus en plus fatigué, et je ne puis plus me traîner.

A 16 heures, des coups de canon délogent quelques Allemands trop entreprenants.

Le dépôt vient de nous envoyer un renfort de mille hommes. On va nous réorganiser avec eux.

Le bruit court que nous allons être relevés, mais en attendant nous allons établir un petit poste sur les bords de la Meuse,

Encore une bonne nuit en perspective. Il fait frais. Que sera-ce dans la vallée ?

Quelques aéros passent.

Samedi 29 août.

Dieu ! que c'est long une nuit ! J'ai tremblé de froid tout le temps, et j'étais obligé de rester debout pour ne pas dormir.

Les armes étaient humides comme si on les avait trempées dans la Meuse qui coulait à 100 mètres de nous.

A 4 heures nous rejoignons le bois et à 5 heures commence un de ces concerts d'artillerie auxquels nous ne sommes pas encore complètement habitués. On dit que notre artillerie bombarde Dun.

Il y a un tel brouillard dans la vallée qu'il est impossible, même avec une jumelle, de distinguer quelque chose dans cette direction.

Au moment où j'écris, 6 h. 1/2, le soleil se montre, il fait beau, et il va probablement faire chaud.

A 10 heures, un avion nous survole et lance une fusée. Nous sommes repérés.

Vers 14 heures, au moment où nous commencions à manger pour la première fois depuis hier à 10 heures, la canonnade a repris des deux côtés et dure encore à 16 h. 1/2.

Notre nouveau capitaine ne semble pas disposé à nous faire relever : encore une nuit de repos en perspective. Par moment, la fusillade se mêle au canon qui gronde sur tout le front. Il est probable que les Allemands veulent passer ici, n'ayant pu le faire à Stenay.

A 17 heures un avion passe et repère nos batteries,

L'éclat d'obus du 22 a bel et bien traversé mes effets et je sens sur le côté une entaille.

A 19 heures, nous rejoignons l'emplacement où nous étions hier pour y passer la nuit.

Dun n'a pas été bombardé.

Dimanche 30 août.

Cette nuit, nous avons encore eu froid.

A 7 heures ce matin, l'artillerie recommence, et comme cela jusqu'à 13 heures. Nous sommes dans notre tranchée, écoutant passer les obus et nous accroupissant au fond quand un projectile vient éclater trop près de nous.

A 8 h. 1/2, on annonce qu'ils ont franchi la Meuse et qu'ils marchent sur nous. Nous les attendons de pied ferme puisqu'il faut rester ici jusqu'au bout! heureux enfin de les voir de près... Mais ils ne viennent pas.

Nos 75 semblent avoir bien travaillé. On distingue à la lorgnette là-bas des canons abandonnés. Il y a au moins deux batteries. Allons! ils ne passeront pas plus à Dun qu'à Stenay.

Nous nous reposons dans la tranchée où nous avons tout de même un espace un peu étroit... Mais le chiendent c'est qu'avec cette canonnade, les distributions ne pourront pas se faire aujourd'hui comme hier. Il ne me reste plus rien. A ce régime on engraisse forcément : je suis devenu sec comme un coucou et, avec ma barbe qui commence à pousser, je suis méconnaissable.

On se fait très bien au sifflement des obus, nous finissons par dormir sans nous déranger.

Ce matin, poursuivis par le feu du 4e d'infanterie, les

Allemands ont fait sonner « Cessez le feu ». C'est d'ailleurs leur façon d'agir.

La canonnade a duré toute la journée et elle redouble ce soir. Oui, mais pas de distribution. Menu : une boîte de singe pour 4 et 2 biscuits.

Nous sommes littéralement abrutis par le feu.

Lundi 31 août.

J'ai dormi comme une brute sans rien remarquer.

Mais il paraît qu'hier soir, Dun brûlait.

Ce matin vers 4 heures, les distributions sont arrivées. On commence à faire la cuisine sans savoir si on pourra la manger. Hier, quand les Allemands ont sonné « Cessez le feu » ils avaient franchi la Meuse et bousculé la première ligne du 4ᵉ. Mais sur une contre-attaque, ils ont lâché pied et ils ont repassé la rivière plus vite qu'ils n'étaient venus.

A peine avions-nous fini de manger que nous avons été relevés par le 113ᵉ à 10 heures. Nous nous sommes baladés sous bois pendant une heure en faisant des détours pour éviter les obus qui éclataient un peu partout. Puis nous sommes allés nous installer en position de rassemblement en arrière de Cunel où nous cantonnons ce soir.

Tout l'après-midi, nous avons vu une énorme colonne de fumée, et le soir la lueur d'un grand incendie. C'est Dun qui brûle.

Mardi 1ᵉʳ septembre.

Nous allons occuper la lisière d'un bois en position d'attente. Le duel d'artillerie recommence.

Dans la matinée, le nôtre cesse.

Vers 15 heures, nous avons l'ordre de nous porter en avant. A peine partis, arrivent 50 obus de gros calibre qui font d'énormes trous en terre. Mais cela ne nous empêche pas d'avancer. Nous restons en position jusqu'à 20 heures. Nous repartons et arrivons à Romagnes-sous-Montfaucon à 22 heures, avec la cuisine ; nous ne nous couchons qu'à minuit. Tout le monde est sur les genoux.

Au moment où nous partions, la canonnade s'était arrêtée depuis longtemps. Subitement notre artillerie s'est réveillée et a envoyé une terrible rafale pendant cinq minutes, à laquelle personne n'a répondu.

Mercredi 2 septembre.

Mon stylo est vide, je continue au crayon.

Encore une journée qui peut compter.

Nous quittons Romagnes à 4 h. 1/2 pour aller prendre position à 4 kilomètres plus loin. Puis nous nous installons en grand'garde face au Nord.

Les Allemands ont franchi la Meuse, ils occupent Romagnes deux heures après notre départ.

Ensuite nous nous déployons sur une crête où le 113° nous remplace au moment où le combat commence.

Nous occupons un bois où nous recevons quelques obus et l'ordre nous vient de nous replier.

Nous allons nous rassembler assez loin en arrière, près d'une route se dirigeant sur Montfaucon-en-Argonne qu'on voit à l'horizon et où nous nous déployons.

A 10 heures, nous recevons l'ordre de nous porter en avant. A peine partis, les obus commencent à tomber

Mais ils passent à notre gauche et nous gagnons la lisière du bois sans dommage.

Un peu avant de déboucher nous entendons des balles siffler, nous nous déployons en traversant une ligne de tirailleurs du 113ᵉ qui tire déjà sur l'ennemi qu'on voit au loin par delà le ravin de Cierge.

La fusillade continue, puis tout à coup ces animaux-là nous tournent sur la gauche et nous prennent d'enfilade. Nous nous replions alors sur la lisière du bois et nous y restons jusqu'à ce qu'on nous donne l'ordre de retraite. Nous étions restés peu nombreux sur la ligne.

A ce moment là je l'ai échappé belle, un shrapnell a éclaté au-dessus de moi, blessant trois hommes, dont l'un me touchait.

En nous repliant nous retrouvons le capitaine qui rassemble la compagnie et nous ramène à l'endroit d'où nous venons. Nous restons là jusqu'à 17 heures.

Combien est-il tombé d'obus dans le bois pendant ce temps, je ne sais. Mais la partie où nous étions est littéralement fauchée.

A 17 heures nous nous replions de nouveau et nous retrouvons le reste du régiment qui se porte encore une fois à l'attaque.

La compagnie réoccupe la position, elle doit y rester. Un obus percutant éclate à deux mètres de moi en me couvrant de terre.

Nous voyons l'attaque de Cierge, qui est incendié par les obus, et la retraite des Allemands. A la nuit tombante, le spectacle est grandiose.

A 20 heures, nous quittons le bois, nous allons attendre le régiment qui passe vers 23 heures à 3 kilomètres de là, nous arrivons enfin au bivouac à 2 heures du matin.

J'ai mangé depuis le café du matin un bout de pain et un morceau de viande à 7 heures. Mais tant pis, à la guerre comme à la guerre. Le temps est superbe, clair de lune splendide, nuit froide.

Jeudi 3 septembre.

La grosse artillerie allemande qui bombarde Montfaucon nous réveille à 4 heures. Rassemblement, et le bataillon va rejoindre le régiment en un point où on fait la grand'halte.

Comme le pays est évacué, on achète tout ce qu'on veut (à la foire d'empoigne, naturellement) et on repart vers Varennes qu'on traverse sans s'arrêter. On continue par une forte chaleur jusqu'à Hauterive où on fait la grand'halte, puis le bataillon repart à la tombée de la nuit pour prendre les avant-postes au Nord.

Nous atteignons une ferme où nous devons passer la nuit, mais à 21 heures on repart à travers bois conduit par un guide qui nous fait passer par des chemins impossibles. C'est éreintant. On arrive à 11 heures 1/2 à une ferme où s'achève la nuit. Distribution très tard, mais on peut manger.

Vendredi 4 septembre.

Réveil à 4 heures, nous sommes face à Boureuille ; on prend des emplacements de combat qu'on quitte à 6 heures pour se réfugier sous bois. Le guide nous emmène à Clermont-en-Argonne où on parvient vers midi.

Pas plus que ce matin, il n'est permis de faire du feu, donc pas de viande cuite et pas de jus. Tout à coup l'artillerie allemande ouvre le feu. Il y a à peine deux heures que nous sommes là. On repart à travers champs en contournant Clermont bombardé.

On continue la retraite de nuit et sous bois comme hier. A minuit on cantonne je ne sais où, pas de distribution, nous sommes fourbus.

Samedi 5 septembre.

Réveil 4 heures, départ immédiat vers le Sud. On zigzague un peu, puis on prend la direction de Bar-le-Duc, vers où on marche sans arrêt.

On traverse Triaucourt, Vaubécourt, l'Isle-en-Barrois, où on fait la grand'halte. A 15 heures on s'y installe en cantonnement. A 17 heures on entend le canon. Les Allemands attaquent Triaucourt.

Le bruit court que le régiment s'en va à Bar-le-Duc où il sera envoyé à Paris. Est-ce vrai? Nous le saurons demain. En tout cas il est 18 heures et je vais me coucher. Si c'est vrai nous pourrions bien filer sur Bar par une marche de nuit.

Je n'ai mangé qu'à la grand'halte vers 13 heures. Depuis hier à Clermont je n'avais avalé que de l'eau sucrée.

Dimanche 6 septembre.

J'aurais dû passer une bonne nuit jusqu'à 4 heures ce matin, mais j'étais tellement fatigué que je n'ai presque pas dormi.

A 6 heures nous sommes partis vers le Sud.

Un peu avant d'arriver à Louppy nous avons pris une

formation de rassemblement et la compagnie s'est développée à la lisière ouest du village.

Les Allemands sont à l'est, ils ont dû nous tourner.

A midi et demi la canonnade qui s'était arrêtée sur tout le front reprend sur notre droite ainsi que la fusillade.

Une batterie est installée tout près de nous. La section est déployée à la lisière d'un bois.

Chaque coup nous fait sursauter. Pourvu que nous ne recevions pas la riposte !

Nous sommes restés là toute la journée, le canon s'éloigne sur la gauche.

A 20 heures on nous annonce que nous sommes en avant-poste et que la section forme un petit poste.

C'est une nuit à passer à la belle étoile et il ne va pas faire chaud.

L'embarquement pour Paris était sûrement un grand bateau.

A l'horizon lueur de deux incendies, l'un vers le Nord l'autre au Sud-Ouest.

. . . .

DEUXIÈME PARTIE

————

L'Exil

> « *L'esclavage est une nécessité de la Kultur.* »
>
> (Nietzsche.)

1

Comment j'ai été fait prisonnier

I

COMMENT J'AI ÉTÉ FAIT PRISONNIER

.   .   .   .

« Mon lieutenant, plus de munitions ! »

Ça, c'est radical, il faut partir. Je donne les indications sur l'itinéraire à suivre et nous bondissons hors de la tranchée.

Les balles pleuvent de tous côtés, nous sommes pris sous le feu de trois mitrailleuses.

Au premier bond, trois hommes par terre. Au deuxième, une balle dans mon sac, elle a l'heureuse inspiration d'y rester. J'arrive près d'un petit champ vert : le traverserai-je en rampant ou en courant ? Il faut être prudent, je commence à ramper. J'ai à peine fait deux mètres, je sens une vive commotion dans le dos, des fourmillements dans les jambes, dix secondes, vingt secondes, la douleur cesse, mais je veux remuer les jambes : impossible, je suis paralysé.

Un de mes hommes tente de me saisir : il reçoit

une balle dans le bras. Je leur donne l'ordre de filer et je les vois s'éloigner.

Sapristi ! les Allemands sont-ils loin ? Je tourne la tête, je ne vois rien. On nous tire dessus de tous côtés, impossible de rien distinguer.

Mais un de mes hommes voyant ses camarades s'en aller, revient vers moi : il ne veut pas laisser son lieutenant aux mains des Allemands. Il se couche derrière une haie à l'abri de laquelle il me tend son fusil comme une gaffe à un noyé. Je saisis cette planche de salut et, en trois temps, il me hisse jusqu'à lui. Il se couche à côté de moi, je grimpe sur son dos et nous voici partis vers le village qui est à 300 mètres, lui, rampant et moi, équilibrant tant bien que mal mon pauvre corps tout insensibilisé. A un moment, nous nous arrêtons, je n'en peux plus, et puis ça tombe trop fort. Sûrement, si nous continuons, nous allons trinquer. Nous faisons le mort ; pendant ce temps, comme il ne faut pas perdre le Nord, je tends à mon sauveur mon bidon de vin et je vide une petite gourde d'eau-de-vie.

« Courage, mon lieutenant, me dit ce brave garçon qui ne pense qu'à moi.

— Eh ! lui dis-je, comme on donnerait cher pour être derrière cette petite grille ! »

Elle était à cinq mètres.

Enfin nous repartons et nous réussissons à gagner le village. Mon homme me pose dans une grange vide et va chercher les brancardiers.

Ils viennent, ils me portent dans une maison de paysan, on me dépose sur un matelas. Le village est déjà entouré par les Allemands. Deux heures après, ils entrent. « Les Allemands sont dans le village », me dit-on. Je ne veux pas le croire, je me penche par la porte pour entrevoir ces gens-là d'un peu près. Oh ! juste à cet instant, une face de sauvage se présente à la porte : c'est un fantassin allemand qui croise la baïonnette.

Toute l'ambulance est prise.

Me voilà irrémédiablement prisonnier... à moins... que les Français ne reviennent...

II

Comment j'ai été amené en Allemagne

COMMENT J'AI ÉTÉ AMENÉ
EN ALLEMAGNE

Le 24 août, j'étais transporté en charrette à l'hôpital provisoire de la Croix-Rouge de Gorcy (4 kilomètres de Ville-Houdlemont), organisé dans l'hôpital de Gorcy, avec le concours de Mme Labbé, châtelaine du pays, et sous la direction du Dr Couénon, médecin-chef de notre ambulance.

Nous étions une dizaine d'officiers, parmi lesquels le colonel Girardin du 113e, et environ trois cents soldats. Soignés parfaitement, avec un dévouement au-dessus de tout éloge, par les sœurs de charité et les dames françaises de la Croix-Rouge, nous ne nous apercevions de la présence des Allemands qu'au piquet de dix hommes, qui étaient à la porte de l'hôpital, et aux autos qui passaient de temps à autre chargées d'officiers d'état-major prussiens.

Le 5 septembre, un médecin allemand vint nous voir et ordre fut donné d'évacuer tout le monde sur l'Allemagne le 7 septembre. On obtint cependant un sursis pour le colonel, qui avait une plaie aux poumons, et pour quatre tétaniques jugés intransportables.

Le 7 septembre commença l'organisation du convoi sanitaire. Le chemin de fer était venu jusque dans l'usine contiguë à l'hôpital. Le chargement dura toute la journée jusqu'à 5 heures. Les officiers étaient trois par compartiments, dans un wagon de seconde, les soldats dans des wagons à bestiaux sur de la paille.

.   .   .   .

Entre temps, nous apprenons que le chauffeur de Mme Labbé a dû conduire des sous-officiers allemands à Clermont-en-Argonne en contournant l'Argonne... Et les côtes de Meuse, sur lesquelles nous comptions tant ?...

.   .   .   .

A 6 heures, le train s'ébranle, je donne une dernière poignée de main à M. Rama, le directeur d'une des usines, qui s'est tant occupé de nous tous. Il a les larmes aux yeux et nous aussi : nous partons, mais vers quel inconnu ?... En passant sur le passage à niveau, nous revoyons les gens qui nous ont si bien soignés, les sœurs de charité qui pleurent leurs blessés ; les jeunes filles agitent des mouchoirs ; nous avons le cœur bien gros... qui sait si les Allemands n'attendent pas notre départ pour brûler le village comme tous ceux des environs ?

Nous sommes en Belgique, nous venons de traverser la frontière. Ce n'était cependant pas comme cela que j'avais rêvé de la franchir. Le train prend la direction de la petite station de Signeulx, nous repassons sur le champ de bataille. J'aperçois le noyer auprès duquel se trouvait ma tranchée, le petit boqueteau à l'entrée du village de Ville-Houdlemont et le petit champ vert où je suis tombé.

Nous passons près de la maison de douane sur laquelle, il y a quinze jours, je dirigeais le tir de ma section. Il n'en reste pas pierre sur pierre. Les Allemands l'ont brûlée... Çà et là, aux abords de la voie ferrée, je vois des morceaux d'uniforme, des linges tachés de sang, des paquets de pansement, paquets de cartouches, un brancard brisé et puis là-bas, dans le fond, un petit tumulus et une petite croix.

Mais voici Signeulx. Les Landsturms sont là, baïonnette au canon, et déjà le chef de gare prussien à casquette rouge, brandissant d'un air menaçant son petit signal circulaire, et hurlant des commandements incompréhensibles d'un ton furieux.

Nous repartons et voici que nous traversons plusieurs villages belges ; quelle désolation : plus un seul toit, tout a brûlé, des pans de murs noircis restent debout comme des bras implorant la miséricorde du ciel. Çà et là un ou deux habitants.

Puis vient la nuit complète. Mon camarade, qui a

le bras très abîmé par trois éclats d'obus, s'étend sur la banquette.

Nous arrivons à Bétange. Nous sommes merveilleusement accueillis. Ces braves Luxembourgeois montent dans nos wagons et nous comblent de bienfaits. Une jolie jeune fille monte dans notre compartiment, elle nous distribue vivement des journaux, une douzaine de tartines de confitures et cigarettes, des bonbons, etc., et nous dit tout bas : « N'est-ce pas que ce n'est pas vrai qu'ils ont pris Paris ! — Non, non, lui dis-je ; ils n'y sont pas encore, soyez tranquille ! » Mais voilà les gardes-chiourmes qui font descendre tout le monde et le train repart. « Ça ne commence pas trop mal, dis-je à mon camarade. Ils nous ont bien gentiment reçus ces Luxembourgeois. » Je jette un coup d'œil sur les journaux. Je lis le manifeste du Président Poincaré expliquant le départ du gouvernement à Bordeaux. Diable, déjà !

A la station suivante les civils restent sur les quais, mais ils causent avec nous. Une jeune femme à corsage rouge s'avance vers moi : « Monsieur, je suis Française. » Je lui serre la main avec effusion. Nous échangeons une ou deux paroles et on repart. A Luxembourg, nouvel arrêt ; le caporalisme prussien a fait son œuvre ; service d'ordre : une dizaine de personnes dans la gare ; plus personne n'approche, on commence à nous regarder comme des bêtes curieuses...

Je prends le parti le meilleur et je m'endors, pensant encore aux braves gens de Bétange et, je peux le dire, à la petite Française au corsage rouge...

Le matin, réveil à Trèves, Trier, comme disent les Allemands. Cette fois nous y sommes. La Croix-Rouge allemande nous offre à boire un café au lait non sucré, qui est tout, sauf du café et du lait...

Toute la journée, le voyage continue. A une station dont je ne me rappelle plus le nom, des soldats réclament un pansement à changer; nos médecins, enfermés dans leurs wagons, comme nous d'ailleurs, ne peuvent y aller. Un médecin allemand qui est là ne peut arriver à comprendre qu'il faut ouvrir le wagon des médecins, mais il en profite pour faire une sortie intempestive et grossière où je distingue quantité d'injures à l'égard des Français qui ne sont bons à rien, même pas à soigner leurs malades.

A 15 heures nous arrivons à Coblentz. Pour la première fois des médecins allemands passent pour voir s'il est parmi nous des blessés qui ne sont plus en état de supporter le voyage. Quelques-uns sont descendus.

On nous verse encore du café, toujours le même, sans sucre. Je demande à acheter du pain. C'est impossible, mais on m'apporte bien vite et gratuitement l'extra-blatt du jour. Maubeuge est tombé aux mains des Allemands : 40.000 prisonniers, dont

10.000 Anglais... Après tout, c'est possible ; quant au nombre de prisonniers, ils l'ont évidemment doublé... Le train repart... Nous voyageons toute la nuit, et le lendemain matin nous sommes à Cassel... Est-ce enfin terminé ?

Point du tout, simple arrêt... Quelques-uns de nos camarades sont descendus définitivement. On sert le perpétuel café aux hommes.

Quant à nous, les officiers, nous n'en revenons pas, nous sommes l'objet d'une attention bien délicate de la part du commissaire de la gare.

Fort aimablement, il nous donne la permission d'aller jusqu'au buffet de la gare et de nous y faire servir un petit déjeuner. Café, sucre, lait, pain blanc, beurre, ça nous produit un effet merveilleux. Nous payons, mais nous n'avons que de l'or ; on nous prend 20 francs pour 14 marks, et deux marks par petit déjeuner. Le commandant, aimable, vient nous inviter à rejoindre nos wagons.

Trop poli pour être honnête : évidemment il a des actions dans le buffet de la gare.

Le train s'ébranle à nouveau et nous traversons toute la journée la Thuringe. L'Hostilité complète se fait sentir ; les femmes nous montrent le poing ; les hommes brandissent leurs faux ; jusqu'aux petits enfants qui hurlent d'une voix criarde : « *Franzose, schändliche Franzose !* » (Français ! sales Français !)

A 18 heures, nous sommes à Magdebourg. On descend encore des blessés, et à nous qui restons, on sert pour la première fois, depuis quarante-cinq heures, un repas composé d'un morceau de pain noir et de deux saucisses au mou de veau sur une assiette en carton. La gare est pleine de monde venu pour nous voir.

Je réclame une portion pour mon camarade qui n'en a pas eu. Un grand bonhomme à lunettes vient me dire en mauvais français qu'il ne faut pas être si exigeant et redemander deux fois des portions. Je me retiens pour ne pas lui envoyer son assiette de carton à la figure avec les deux saucisses.

Nous partons, je m'endors... et suis éveillé en sursaut. Nous sommes à Brandebourg (70 kilomètres de Berlin) depuis une heure, c'est là le terme de notre voyage, il est minuit : il y a cinquante-quatre heures que nous roulons.

Je fais vivement mon ballot, passe mon manteau et m'apprête à descendre. Je suis aidé par un infirmier de la Croix-Rouge, un vieux qui a fait la campagne de 70. Il y a laissé deux doigts et je vois sur la plaque de sa médaille Mars-la-Tour, Gravelotte, parmi les douze noms qui y figurent.

On nous hisse dans un tramway électrique qui nous conduit au lazaret de Gärden, à 3 kilomètres de Brandebourg, où nous devons être hospitalisés.

Le vieux m'explique que c'est un hôpital pour aliénés, tout à fait kolossal, entièrement neuf et à peine terminé.

Nous y sommes en un quart d'heure. J'aperçois d'immenses pavillons en brique, entourés de grands sapins où le vent siffle de façon sinistre. On me hisse sur un petit wagonnet qui marche sur rail, et en route pour le pavillon qui nous est destiné.

J'y arrive ; mon camarade et moi, on nous octroie une chambre au rez-de-chaussée. Je tombe de fatigue ; le vieux aux douze batailles me déshabille et me met au lit. Le lit est composé d'un petit matelas entouré d'un drap et d'une poche où sont enfouies les couvertures : impossible de border le lit.

Un coup d'œil à la chambre : tout est neuf effectivement ; les doubles fenêtres à petits carreaux ferment à clef.

J'ai aperçu un monsieur d'un certain âge qui fait les honneurs de la maison : ce doit être le Herr Doctor Oberartz : à côté de lui un grand et gros jeune homme à lunettes avec de belles estafilades sur la figure.

Je m'endors éreinté...

C'est le 10 septembre.

Notre séjour à Brandebourg devait durer cinq semaines.

III

Séjour au lazaret Gärden

III

SÉJOUR AU LAZARET GÄRDEN
(près Brandebourg)

Le lendemain nous fîmes connaissance avec l'établissement. Le pavillon où nous étions comprenait trois étages. Un infirmier et trois infirmières par étage, les deux médecins entrevus la veille pour les soins médicaux. Au rez-de-chaussée, l'infirmière-major est une sœur protestante, douce et aimable, à la correction de laquelle je dois rendre hommage: c'est Schwester Ella. A l'étage au-dessus, l'infirmière-major est une nièce du comte Zeppelin. Elle nous explique fort aimablement, à la première entrevue, que les Allemands sont à Meaux et que dans trois jours ils seront à Paris. Dans huit, la paix sera signée et nous serons Allemands... Perspective charmante. Mais ce discours ne nous émeut nullement... Le lendemain elle apporte sous son bras une petite affiche qu'elle déploie vivement: c'est un obus de 42 centimètres, grandeur nature.

Avec cela, les Allemands bombarderont l'Angleterre.

Le médecin-chef paraît, au contraire, un homme calme et pondéré ; parfois, il cause avec nous ; jamais il ne nous dit de choses désagréables. Si l'Allemagne est victorieuse, nous dit-il, l'Italie prendra Nice et le Comtat Venaissin; au contraire, si c'est la France qui a le succès, l'Italie prendra le Trentin. Mais il espère beaucoup dans les Zeppelins qui permettront évidemment de réduire l'Angleterre.

Nos hommes me racontent aussi qu'on leur dit sur tous les tons que Paris est pris.

Je commence à trouver le temps long. Et c'est tout cela qui me donne l'idée de faire un journal.

Un directeur irresponsable et un rédacteur en chef, un sous-officier secrétaire, c'est plus qu'il n'en faut, et voilà notre rédaction montée. Dès le 14 septembre, je me mets à l'œuvre. Il nous faut un titre. On tâtonne et finalement on s'arrête à celui-ci : *Le Petit Français.*

Le premier numéro, lu en cachette et soigneusement dissimulé, a du succès ; l'affaire semble en bonne voie.

Dès le lendemain, la direction informe les lecteurs que les papeteries de Brandebourg étant insuffisantes pour le kolossal tirage du *Petit Français,* il se voit obligé de paraître sur une seule feuille, à l'instar, du reste, de nos grands confrères parisiens, *Le Matin, Le Journal, Le Temps* et *Le Figaro* (extrait du numéro 2).

Les événements sont graves. A Lemberg, une terrible bataille est engagée, et du côté français aussi on se bat dur.

Je relève ces lignes dans le n° 5 du 18 septembre :

18 septembre.

Nouvelles officielles.

TIRÉES DES JOURNAUX ALLEMANDS DES 16 ET 17 SEPTEMBRE.

Un long article allemand, dont *Le Petit Français* donne plus loin la traduction, résume le ton des journaux allemands qui diffère sensiblement de leur enthousiasme habituel :

Lokal-Anzeiger, Berlin, le 17 septembre.

« Une dépêche d'aujourd'hui 18 septembre annonce que l'aile droite allemande, qui battait en retraite ces jours derniers, a réussi à arrêter momentanément cette retraite dans un combat heureux à NOYON. (Remarque : NOYON se trouve à 100 kilomètres de PARIS. L'aile droite allemande se trouve donc à cette distance de la capitale et non pas à Meaux). »

Pour la France.

Au moment où paraissent ces lignes se livre en France (en Champagne et en Lorraine) le plus terrible des combats qu'il ait été possible de voir jusqu'à ce jour. Le peuple allemand livre l'assaut à nos valeureux frères d'armes :

c'est une ruée de presque un million d'hommes de chaque
côté. Aussi devons-nous attendre dans le recueillement
l'issue de ce gigantesque combat que nous souhaitons
favorable à nos armes ; et que nos frères français sachent
bien que nos vœux les accompagnent et que nos cœurs
sont dans le rang à leurs places de bataille.

La Direction.

Article du *Lokal-Anzeiger* de Berlin du 18 septembre.

Il est difficile d'exprimer la peine que nous avons
ressentie à la nouvelle de notre recul. Pourquoi ? Parce
que la formidable lutte qui se déroule au sein de la France
dure encore, parce que ce n'est qu'avec peu de nouvelles
que nous pouvons nourrir notre impatience. Quinze jours
dans une guerre moderne, ce n'est même pas la durée
d'une bataille. Aussi, puisque de toutes parts le sort
nous est favorable, nous devons supporter encore quelque
temps le manque de nouvelles sur l'issue définitive de
cette bataille de géants. Nous autres qui sommes restés
dans notre pays, nous devons égaler l'énergie de nos
frères d'armes par notre calme et notre sérénité. Quels
sont les plans de notre état-major ? Que veut-il faire en
France ? Nous ne le savons pas, un coup d'œil sur la
carte, cependant, doit nous tranquilliser et nous montrer
le colossal travail accompli par nos valeureuses troupes
grises, pendant des jours et pendant des semaines : des
marches harassantes, de perpétuels combats contre un
ennemi valeureux qui se bat dans son pays, contre un
ennemi qui a les sympathies de tout le monde, alors que
le monde entier nous tourne le dos, telle est notre part.
Nos ennemis ont tous les perfectionnements modernes :

chemin de fer, télégraphe, téléphone à la disposition du haut commandement. Nous, partout où nous arrivons, il nous faut tout installer à nouveau. Les Français ont la sympathie de toute la population. Nous, nous sommes heureux lorsque nous ne trouvons qu'une inimitié passive. *Cette marche en avant, que doit couronner la victoire,* n'est vraiment pas une promenade de plaisir. Le peuple allemand doit se préparer à toutes les privations car nous ne nous contenterons pas d'une simple victoire, mais c'est une victoire absolument décisive qu'il nous faut. Nous ne voulons pas être obligés de recommencer dans dix ans.

Ainsi nous commençons à soupçonner la bataille de la Marne sans en voir toute l'ampleur.

A partir du numéro 10, *Le Petit Français,* fut illustré : la principale occupation de la journée, pour ne pas dire la seule.

Entre temps un petit incident vient mettre de la variété dans notre séjour. Une infirmière m'ayant manqué de respect, je la remets à sa place. Le lendemain matin, j'ai un officier allemand dans ma chambre qui vient me rappeler qu'avant d'être blessé je suis prisonnier ; j'essaye de parler de respect élémentaire dû à un blessé, mais mon raisonnement n'a pas l'air de le convaincre, aussi je n'insiste pas. Je fais un rapport au docteur et la chose s'arrange... L'infirmière en question fut du reste, à partir de ce jour, d'une correction parfaite.

Quelques jours après, c'est une autre infirmière, celle-là très bien intentionnée, qui nous envoie son père, un pasteur protestant. Il nous raconte qu'en 70 il a perdu son frère sous les murs d'Orléans et il vient nous lire quelques versets de la Bible, compatissant à nos souffrances physiques et morales.

« Pourquoi concevoir de l'inquiétude, les oiseaux
« trouvent leur nourriture, le lis des champs est
« vêtu avec plus de splendeur que Salomon dans
« toute sa gloire. Croyez-vous que votre Père céleste
« peut vous abandonner ? »

Cette bonne intention nous touche, mais ne nous rassure pas entièrement.

Petit à petit, au fur et à mesure des guérisons, nos camarades et nos hommes sont évacués sur les camps.

Vers le milieu d'octobre nous restons seuls avec six malades couchés, et les blessés allemands remplissent l'hôpital, au point qu'on parle de notre départ ; du reste, ce voisinage manque de charme et je commence à aspirer à du nouveau. Nous ne pouvons nous promener que dans un petit jardin de 40 mètres de côté avec trois hommes baïonnette au canon : c'est intolérable.

Une fois cependant, le médecin nous permet de nous promener seuls dans le jardin de l'hôpital. Le lendemain il ne persiste pas, l'autorité militaire y voit des inconvénients ; je marche avec deux cannes et mon camarade a un bras à moitié emporté : évidemment nous pourrions nous échapper.

Le 16 octobre, le médecin nous annonce que notre départ est fixé au lendemain.

Nous sommes évacués sur la ville universitaire de Halle-sur-Saale. Mon camarade et moi avons besoin d'une radiographie. Il y a, paraît-il, d'excellents chirurgiens et une clinique remarquable : c'est parfait.

Le soir *Le Petit Français* fait paraître l'annonce suivante :

N° 33. *Vendredi 16 octobre.*

« Nous avons le regret d'informer nos assidus lecteurs qu'en raison de la proximité des opérations (approche des Russes) et à l'instar de nos illustres collègues *Le Temps*, *Le Figaro*, *Le Matin*, etc., voire le gouvernement, la direction du *Petit Français* a décidé de transporter ses bureaux et ateliers vers la ville universitaire de Halle (Saxe).

« Nous espérons que le service de la poste, si bien assuré jusqu'ici (personne n'avait encore de nouvelles des siens) permettra de faire parvenir sans retard les informations quotidiennes à nos fervents lecteurs.

« Adieu ! non, au revoir et dans un monde meilleur. »

IV

Halle-am-Saale

L'infirmerie du camp de Halle
(d'après un croquis du *Petit Français*)

IV

HALLE-AM-SAALE

Offizierkriegsgefangenenlager

Le lendemain, à 9 heures, une automobile vient nous chercher, nous conduit à la gare de Brandebourg et, sous la protection d'un sous-officier de la garde, nous partons pour Halle.

Nous y sommes à 3 heures de l'après-midi, notre déjeuner est passé au bleu.

Arrivés à Halle, nous apprenons qu'on a ordre de nous diriger sur le dépôt : si nous voulons y aller en voiture, c'est à nos frais. Je ne veux rien savoir ; force est donc de partir pour le dépôt avec mes deux cannes.

Nous traversons à pied toute la ville, qui n'a pas l'air mal, suivis naturellement de cinquante gosses qui piaillent à faire peur.

Enfin, au bout d'une demi-heure, nous parvenons devant un grand portail grillé. Une toute petite porte s'entr'ouvre et nous passons un par un. Aussitôt j'entrevois trois ou quatre sentinelles en armes. Bigre, ça sent bien la prison.

On nous introduit au corps de garde. Soixante à quatre-vingt landsturms sont là. On nous donne deux escabeaux, et nous sommes priés d'attendre. Une demi-heure après arrive un officier allemand. On avance deux escabeaux, je crois que c'est pour nous asseoir, je fais erreur, c'est pour déposer nos affaires, on va nous fouiller. Je n'avais pas prévu cela, et mon argent et mes cartes et ma jumelle que j'avais conservés jusque-là, et la collection du *Petit Français !* Celle-ci, heureusement, passe inaperçue. Ils semblent spécialement rechercher l'or et l'argent. Entre temps un porte-cigare et cigarette disparaît sans que je m'en aperçoive. Une fois mes noms et qualités déclinés, on me donne un essuie-main et deux couvertures. Je refais mon ballot.

Même petite cérémonie pour mon camarade.

L'officier allemand nous fait traverser la cour. J'aperçois quelques officiers aux uniformes que je ne connais pas. Ils n'ont pas l'air bien gais.

On nous introduit dans un bâtiment. Nous montons au premier étage et pénétrons dans une chambre. C'est une longue pièce, très basse de plafond, littéralement remplie de lits. Il y loge 105 officiers parmi lesquels 95 Russes. Je cherche en vain des yeux une couchette libre. L'officier allemand s'adresse à un Français qui paraît être le chef de la

Le camp d'officiers de Halle.

Les chambres.

L'orchestre.

Le réfectoire.

Le jeu de petits chevaux.

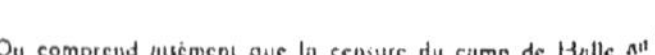

On comprend aisément que la censure du camp de Halle ait dé les prisonniers à envoyer ces cartes postales à leur famille.

chambrée ; il lui dit : « Il y a encore deux paillasses disponibles, vous voudrez bien les donner à ces messieurs » et il nous laisse là. On cherche les paillasses libres. J'en déniche une qui bouche un carreau cassé ; je trouve une petite place entre deux Russes ; le plancher est en béton ; avec mon essuie-main et mes deux couvertures, voilà mon lit : ça manque plutôt de confortable.

Je fais connaissance avec les camarades qui me donnent tout de suite des détails édifiants. Du reste, l'aspect matériel est plus que suffisant. Cette vieille usine aménagée semble triste au possible, et sale...

Mais il va falloir manger : le petit déjeuner de ce matin est bien loin. Je descends avec mon camarade, nous serrons bien des mains, mais nous sommes du 22 août et n'apportons pas de nouvelles. Je rencontre deux capitaines du 130ᵉ ; ils ont, me disent-ils, une dette de reconnaissance envers le 131ᵉ ; ils nous invitent tous deux à dîner : nous sommes bien heureux. Ça n'a pas l'air commode, en effet, de se faire servir. Le hall où nous mangeons est un immense atelier où sont groupés 5 à 600 officiers pour la plupart russes, autour de petites tables de jardin. Dans le fond, une sorte de baraque en bois blanc. Ce sont les guichets du cantinier.

Nous faisons honneur au dîner de nos hôtes, mais nous jugeons vite que nous sommes loin du régime de l'hôpital, qui nous semblait déjà si imparfait.

Ces officiers ont été pris après la bataille de la Marne. Ils nous la racontent en détails, nous en sommes tout transportés de joie.

Après le dîner, nous causons encore un peu avec des camarades. Nous voyons un médecin français.. Que va-t-on faire de nous qui sommes loin d'être des convalescents ?

On nous avait dit à Brandenbourg qu'on nous évacuait sur un hôpital. Nos camarades sourient et nous expliquent que demain nous passerons la visite. Mais le médecin allemand est féroce, il n'envoie à l'hôpital que les gens à la mort. Alors me voilà, renfermé là-dedans pour toujours, moi qui n'ai qu'une petite plaie et dont la balle est toujours à côté de la colonne vertébrale.

Vers 8 heures, nous remontons dans notre chambre, vers notre lit ou plutôt notre grabat. Je suis obligé de mettre mes affaires sous la paillasse par terre, pour remplacer l'oreiller absent et de me coucher tout habillé. Il n'y a pas de drap, avec mon pansement je ne peux pas exposer ma plaie à une infection.

A 9 heures, la ronde passe — un officier allemand et une douzaine d'hommes, baïonnette au canon — puis l'électricité est éteinte.

Ah ! où es-tu, mon petit lit de Brandebourg ? Dans quelle galère suis-je tombé ?

Moi qui pensais que dans un camp d'officiers, au

moins je serais considéré comme un officier. Eh !
bien, je suis servi !

Sur ces tristes pensées, je m'endors, rompu de
fatigue.

.   .   .   .

Le camp de prisonniers de Halle est au centre
même de la ville. Les Allemands ont aménagé les
bâtiments d'une vieille usine à wagons. Le commandement (1 major et 3 officiers subalternes), la
compagnie de garde (100 hommes) la cantine allemande et son personnel et, enfin, les officiers prisonniers, environ 600 et leurs ordonnances, une
trentaine au plus, sont répartis dans les divers bâtiments de l'usine. Les petits et grands ateliers ont
été transformés en chambre pour les prisonniers.

La cour (100 m. sur 300) est entourée de bâtiments disposés en rectangle sur trois côtés. Le quatrième côté est constitué par une palissade, pro-
tégée par une rangée de fils de fer barbelés, disposés en arc de cercle.

Entre ces palissades et ces fils de fer circulent
une demi-douzaine de sentinelles en armes. Les
règlements ordonnent de se tenir à 10 mètres au
moins de ces fils de fer, sous peine de voir les sentinelles tirer sans avis préalable.

Au delà des palissades, une rue où circulent des
patrouilles de gendarmes à cheval.

Les maisons de la rue ont leurs fenêtres qui plongent dans le camp. On vient nous y regarder à la jumelle. Ces maisons, d'architecture kurde, sont pavoisées au moindre succès et nous apprennent sans délai les victoires allemandes.

A part cet hôtel d'où les Boches et leurs gretchens viennent juger nos évolutions en cercle, l'horizon ne se compose que de cheminées d'usines.

Il est parfois impossible de se promener dans la cour contre le vent, sans recevoir quelques escarbilles dans l'œil.

Le sol, défoncé comme un champ labouré, est noir comme du charbon.

Lorsqu'il pleut, l'eau croupit dans toutes les crevasses qui parsèment la cour et on peut s'offrir gratuitement de merveilleux bains de boue.

Le génie de l'organisation allemande a prévu au bout de six mois l'apport de scories que l'on a disposées en passerelle d'un bout de la cour à l'autre aux endroits les plus passagers.

Quand on est sur ces scories, on a l'impression de traverser un marais, surtout, par exemple, lorsque le dégel vient de faire disparaître 15 centimètres de neige.

La neige ! elle a fait son apparition au début de décembre. Elle nous procure parfois l'occasion de faire de grandes batailles. L'aspect du camp sous la neige est charmant. Toute cette affreuse poussière de charbon semble disparue à tout jamais et le matin, en sortant dans la cour toute blanche, il semble que l'on soit plus content, quoique la température soit parfois très basse.

Les conditions d'aération des chambres sont notoirement insuffisantes ; dans celle que j'habite, l'aération se fait par sept petits carreaux de 40 centimètres de large dont la partie supérieure est à 50 centimètres au-dessus du sol.

Le ventilateur s'est fait attendre trois mois.

Les lits que nous avons sont des lits de troupes pouvant se mettre l'un sur l'autre.

Un des officiers allemands force les 200 prisonniers dont il s'occupe spécialement, à coucher dans ces lits à deux étages, alors qu'il est facile de les disposer autrement. Le nombre des ordonnances qui devrait être de 1 pour 10 officiers, d'après les règlements affichés, est bien inférieur. Ils doivent balayer nos chambres le matin.

Nous devons être levés à 8 heures sous peine de prison, mais les ordonnances viennent faire la chambre à 7 heures. Ils n'ont plus le temps après. Aussi la seule ressource, étant donnée l'aération, est-elle de rabattre les couvertures sur soi pour ne pas avaler trop de poussière. En outre, ces pauvres soldats sont toujours occupés aux corvées du camp. On est donc obligé de tout faire soi-même. J'ai vu l'autre jour un colonel russe obligé d'aller prendre lui-même son assiette de soupe au guichet du cantinier.

Et la nourriture, voilà le bouquet !

Les officiers touchent une solde de 60 mark par mois, lieutenants et sous-lieutenants, 100 mark par mois, capitaines et au-dessus.

Avec cette solde, il faut se nourrir et s'entretenir complètement.

Depuis cinq mois, la nourriture se compose presque uniquement de pommes de terre bouillies et de viande de porc, mal préparée et mal présentée.

Et l'on reconnaît vite le génie boche de la falsification, le café au gland de chêne, le lait à l'amidon, le sucre au plâtre, le fromage à l'arachide, la confiture à la betterave rivalisent avec le chien.

Quand le cantinier nous sert de ce mets délicat tout le monde a pris l'habitude d'imiter l'aboiement des chiens.

Ce noble commerçant s'en émeut fort et en devient furieux.

Au reste, les Allemands aiment beaucoup cet animal. Je lisais encore l'autre jour une lettre d'un jeune engagé à sa mère, qui se plaignait d'avoir trop de bœuf au front et qui regrettait amèrement le jeune chien qu'il mangeait à la maison dans sa jeunesse...

Au point de vue de l'exercice, l'unique ressource est de tourner en rond dans la cour.

Le lavabo est installé au fond de la cour, auprès de l'infirmerie. Au début, il se composait d'une chambre de 10 mètres sur quatre, pavée sommairement, avec cinq robinets et quelques cuvettes de fer battu pour 5 à 600 officiers.

Quand je suis arrivé, on venait d'installer des douches (6 pommes d'arrosoir), eau chaude et eau froide. On pouvait y aller à toute heure. Mais bien vite, la réglementation est apparue. Chaque nationalité a ses heures et ses jours. Les Anglais sont bien malheureux, eux qui ne quittaient pas la salle de douche.

Et malgré tout, l'état sanitaire du camp n'est pas mauvais. Ce n'est, certes, pas la faute de nos hôtes. Ils ont fait bien peu pour cela.

Il existe une infirmerie. Elle se compose de deux pièces, l'une sert aux pansements, l'autre sert aux malades couchés : 4 lits à 50 centimètres les uns des autres. On peut à peine ouvrir la porte pour sortir de la chambre. Aussi le docteur anglais V..., atteint l'autre jour d'une angine avec assez forte fièvre, a dû rester, par suite de l'état de cette infirmerie, dans notre chambre où allaient et venaient 34 camarades.

Les médicaments sauf teinture d'iode, baume du Pérou, et coton, sont à la charge des prisonniers. Ils les commandent à un pharmacien et celui-ci les apporte moyennant un prix très respectable.

Tous les matins, nous sommes quelques habitués

qui venons nous faire panser et nous faire masser à l'infirmerie. Aux quatre coins de la pièce, un meuble : un lit, une armoire, un poêle, un fauteuil de dentiste.

J'ai vu opérer ce dentiste qui vient trois fois par semaine soigner les prisonniers.

Il ne se lave jamais les mains entre plusieurs malades. Il ne désinfecte ses outils que sur demande expresse et lorsqu'il met une goutte de teinture d'iode sur une gencive, c'est 3 mark.

Sur la table centrale, sont disposés les médicaments les plus en usage, la teinture d'iode, le coton, etc. Chacun vient et puise là ce qu'il cherche.

L'hygiène est plutôt sommaire.

Le médecin allemand vient tous les jours et fait une apparition de 5 à 10 minutes.

Quand on lui présente un malade, il met son lorgnon, se penche vers lui, l'examine en marmottant : « Also, nicht war » (alors... n'est-ce pas) et c'est tout.

Quant à prendre une décision, donner un conseil, il s'en garde bien... heureusement... probablement.

Tout le travail médical, il n'est pas très lourd, est fait par notre médecin français, retenu ici contre toute convention. Il s'en acquitte avec un dévouement parfait et je ne cache pas que ce nous est infiniment agréable.

Ces médecins de toutes nationalités, car chaque

nationalité a le sien, sont logés à part, sauf les Anglais.

Pendant un temps, ils n'étaient pas considérés comme prisonniers de guerre, pure fiction, au reste ; mais depuis peu, les Allemands prétendent le contraire. La convention de Genève aurait-elle changé ?

Quoi qu'il en soit, leur logement privilégié vaut la peine d'être mentionné. Ils partagent cette faveur, avec les officiers indigènes arabes auxquels toute la bienveillance du commandant du camp est acquise. Cela finira vraisemblablement par une proposition d'envoi sur le front turc.

Le logement des médecins est situé dans les environs de la Kommandantur et il est un peu plus confortable que le nôtre.

Le docteur D... et son camarade P... habitent une petite chambre qui possède une espèce de véranda où celui-ci fait beaucoup de dessin et de peinture.

Il est assez agréable d'y aller, on se sent à l'abri des sentinelles. On reprend un peu son indépendance.

Les autres parties du même bâtiment donnent sur la rue et ceci a beaucoup d'intérêt. Pour nous, les combattants, j'allais dire les prisonniers de droit commun, qui sommes presque séparés du monde des vivants, le spectacle de la rue a beaucoup d'attrait.

On y surveille les arrivages de blessés allemands,
on les commente, on les rattache à tort ou à raison
aux événements du jour et on y raccroche son
espoir.

Et il y a quelques jours, il m'est arrivé un grand
bonheur.

Depuis le 22 août, j'ai une balle près de la colonne
vertébrale. A Brandebourg et dès mon arrivée ici,
j'ai demandé une radiographie. Je n'ai jamais pu
l'obtenir; enfin, le 10 janvier, on est venu m'annoncer que si je voulais, c'était pour aujourd'hui. Il
neigeait depuis le matin. On m'a promis l'automobile que j'ai sollicitée, vu la difficulté que j'ai à
marcher. A l'heure indiquée, je vais à la Kommandantur, je suis avec un autre camarade français et
deux russes. On n'a pas pu trouver d'automobile,
mais l'hôpital n'est pas loin... nous pourrons y aller
à pied. En tout cas, c'est à prendre ou à laisser.

J'accepte sans hésiter. Entourés de quatre hommes baïonnette au canon, nous franchissons la terrible porte...... Et nous voici dans la rue. J'ai peine
à le croire. Les passants nous regardent, mais il me
semble avec moins d'hostilité qu'à mon arrivée.

Mais nous, nous ne perdons pas une seconde,
nous regardons toutes les fenêtres, tous les passants
et toutes les passantes, les voitures, les chevaux, les
arbres, toutes choses que nous ne connaissions
plus.

Je suis appuyé au bras de mon camarade et nous
nous sentons presque redevenir petits enfants. Nous
fuyons la prison, notre cercueil noir. Gloutonne-
ment, mais avec la plus subtile finesse, nous jouis-
sons des fractions de seconde, où nous concentrons
une intensité de bonheur réfléchi ; pareil à l'ange
de saint Augustin, dans un petit trou creusé sur la
plage, nous voudrions faire entrer l'immensité de la
mer.

Et, après avoir longtemps suivi un dédale de rues,
à travers la ville d'architecture... allemande, nous
entrons à l'hôpital. Et la cérémonie de la radiographie se passe sans que nous y prêtions attention.
L'opérateur est galonné, il a trois brisques sur
l'avant-bras et quand il manœuvre ses appareils, le
Kaiser n'est pas son cousin.

Mais notre esprit est ailleurs. C'est donc vrai, le
monde extérieur existe encore autour de nous. Et
bientôt nous quittons l'hôpital pour le retour. Chemin faisant, nous croisons le libraire qui vient parfois au camp. C'est lui qui m'a procuré récemment
M. et Mme Moloch, échange de coups de chapeau au grand ébahissement des soldats et des passants.

Et nous continuons à nous rapprocher du terme
fatal. Nous savourons l'éphémère allégresse, comme
nous boirions le paradis éternel de la liberté

Mon camarade répète la prière de Lamartine :

« O temps, suspends ton vol. »

Mais voici l'horrible silhouette de la vieille usine et bientôt nous refranchissons l'étroite porte et pour combien de temps ? L'illusion s'est évanouie.

Le soir, ma cheville est très enflée, l'hôpital était tout près, en effet. Nous avons fait 4 kilomètres à pied.

Ah ! c'est beau l'imagination.

Le lendemain, je revois le médecin allemand, il me dit que la radiographie n'est pas très bonne. Mais si je veux donner dix mark, on en fera une autre.

Je crois bien, je donnerais tout l'or du monde pour refaire une promenade...

Et quinze jours durant, nous vivons dans le souvenir de la liberté un instant aperçue.

Que serait-ce, en effet, que notre existence triste et monotone s'il n'existait pas au fond de chacun de nous l'espérance ?

Sentiment confus et variable qui se fait parfois bien petit, les jours de mauvaises nouvelles, lorsqu'il pleut et qu'on a faim, mais qui reprend vite son allure normale, si nous venons à apprendre la perte de quelques bateaux allemands.

Et alors, tout le bluff qui accompagne l'annonce d'une victoire allemande, les drapeaux aux fenêtres, les sons de cloches, les Zeppelins et les extra-blatt tout cela n'excite plus que notre mépris.

Le prisonnier lève les yeux vers sa patrie et son âme se redresse !

Juif polonais.

Soldat blessé.

TYPES D'ORDONNANCES RUSSES

V

Comment on traite les officiers

V

COMMENT ON TRAITE LES OFFICIERS

Le traitement est dur, il est, comme la discipline, strict et sévère.

Les officiers sont soumis à trois appels par jour, 9 heures 30, 16 heures 30 et 21 heures. A cette heure tout le monde doit être couché sous peine de prison et un officier allemand passe dans les chambres avec sept hommes baïonnette au canon.

C'est à ces appels que l'on remet aux officiers allemands les questions, demandes ou réclamations, qui doivent être adressées en langue allemande au commandant du camp.

Au début de février, un général inspecteur prussien vint au camp. On voulut imposer aux officiers prisonniers de saluer collectivement et à commandement le général.

Quelques réclamations furent présentées, la réponse ne se fit pas attendre. Le lendemain 250 officiers du camp furent réunis par le lieutenant allemand Gontard, qui expliqua en allemand, le commandement usité pour faire saluer une troupe collectivement.

Quand le major du camp venu pour assister se présenta, l'officier prussien poussa son commandement faisant d'arrogantes observations aux uns et aux autres (à des capitaines, à des colonels...) parce qu'ils ne saluaient pas assez vite, ou ne tournaient pas la tête d'une façon suffisamment militaire. Un caporal dressant son escouade n'aurait pas mieux dit.

Les Règlements affichés sur les murs sont animés du même esprit.

Voici une coupure de l'un d'eux qui proclame le troupier allemand le supérieur des officiers prisonniers de guerre de tout grade.

Ordre de la garnison.

1 Les prisonniers de guerre sont, pendant la durée de leur captivité, soumis aux lois de la guerre allemandes et aux prescriptions du Code pénal disciplinaire de l'armée allemande (§ 158 du Code de justice militaire de l'armée allemande et § 2,4 du Code pénal disciplinaire).

2. Le commandant du camp des prisonniers et les officiers qui lui sont adjoints sont les supérieurs des prisonniers de guerre de tout grade. Le commandement supérieur est exercé par le commandant d'armes et par le général représentant le commandant du corps d'armée.

3. De même les détachements d'escorte, les gardes et les sentinelles sont les supérieurs des prisonniers de guerre de tout grade. Obéissance immédiate est donc due aux ordres des hommes d'escorte ou de garde. Ceux-ci ont ordre, en cas de besoin, en particulier pour empêcher toute tentative de fuite, de faire usage de leurs armes, sans avertissement préalable.

Suit un extrait d'un autre règlement, qui est un papillon rectificatif. Là on affirme seulement que les médecins et assimilés sont considérés comme prisonniers de guerre d'après la convention de Genève !

Les officiers recevront par mois une solde de 100 mark, pour les capitaines et les officiers supérieurs ; 60 mark, pour les lieutenants et sous-lieutenants. Sur cette somme les officiers auront à payer leur entretien journalier. La solde sera payée par quinzaine et en monnaie jetons. Les prisonniers ne devront pas avoir sur eux une somme supérieure à 10 mark en monnaie courante. L'excédent devra être remis au trésorier du camp qui en donnera quittance et en sera comptable à l'égard des prisonniers. Les sommes envoyées de l'extérieur sont portées d'office au compte créditeur du destinataire. Les prisonniers peuvent retirer deux fois par mois une somme de 25 mark, soit au total 50 mark par mois qui seront versés en jetons. Les achats importants (de manteaux, vêtements, etc.) a partir de 20 mark sont réglés par le trésorier et portés en compte. Ces dispositions concernent également les civils détenus au camp, les médecins et le personnel du service de santé qui, d'après *la Convention de Genève, sont considérés comme prisonniers de guerre*.

Et ce n'est pas une coquille. Jusqu'au 24 janvier, les médecins et assimilés touchaient, en effet, la solde allemande entière correspondant à leur grade. Mais à cette date, le papillon rectificatif fut collé sur l'ancien règlement et les médecins et assimilés

Fac-similé d'un extrait du Règlement (voir page 153)

TEXTE PRIMITIF

5 Les capitains et officiers supérieurs ne devront pas avoir sur eux une somme supérieure à 100 Mk., les lieutenants ne devront pas avoir sur eux une somme supérieure à 60 Mk. y compris leur solde payée bi-mensuellement. L'excédent en argent devra être versé entre les mains du trésorier qui en donnera reçu et en tiendra compte. Les prisonniers pourront percevoir sur les sommes déposées deux fois 25 Mk. par mois. Les acquisitions faites par les prisonniers seront réglées par le trésorier, lorsque celles-ci depasseront 20 Mk.; il en sera ainsi lorsque les prisonniers feront l'achat de manteaux etc. Les envois d'argent aux prisonniers resteront également entre les mains du trésorier qui en établira reçu. Ces dispositions s'appliquent également aux prisonniers civils, aux médecins et aux officiers d'administration de santé qui selon la convention de Genève, ne sont pas considérés comme prisonniers.

TEXTE AFFICHÉ AU CAMP

5. Les officiers recevront par mois une solde de 100 M. póur les capitains et officiers supérieurs, 60 M. pour les lieutenants et souslieutenants. Sur cette somme les officiers auront à payer leur entretien journalier. La solde sera payée par quinzaine et en monnaie-jetons. — Les prisonniers ne devront pas avoir sur eux une somme supérieure à 10 M. en monnaie courante. L'excédent devra être remis au trésorier du camp qui en donnera quittance et en sera comptable à l'égard des prisonniers. Les sommes envoyées de l'extérieur sont portées d'office au compte créditeur du destinataire. — Les prisonniers peuvent retirer deux fois par mois une somme de 25 M., soient au total 50 M. par mois qui seront vérsés en jetons. — Les achats importants (de manteaux, vêtement etc.) à partir de 20 M. sont réglés par le trésorier et portés en compte. Ces dispositions concernent également les civils détenus au camp, les médecins et le personal du service de santé. qui, d'après la convention de Genève, sont considérés comme prisonniers de guerre.

TEXTE OFFICIEL

5. Les officiers recevront par mois une solde de 100 M. pour les capitains et officiers supérieurs, 60 M. pour les lieutenants et souslieutenants. Sur cette somme les officiers auront à payer leur entretien journalier. La solde sera payée par quinzaine et en monnaie-jetons. — Les prisonniers ne devront pas avoir sur eux une somme supérieure à 10 M. en monnaie courante. L'excédent devra être remis au trésorier du camp qui en donnera quittance et en séra comptable à l'égard des prisonniers. Les sommes envoyées de l'extérieur sont portées d'office au compte créditeur du destinataire. — Les prisonniers peuvent retirer deux fois par mois une somme de 25 M., soient au total 50 M. par mois qui seront vérsés en jetons. — Les achats importants (de manteaux, vêtement etc.) à partir de 20 M. sont réglés par le trésorier et portés en compte. Ces dispositions concernent également les civils détenus au camp, les médecins et le personal du service de santé qui, d'après la convention de Genève, sont considérés comme prisonniers de guerre.

TEXTE PRIMITIF

5. Einschließlich ihrer Löhnung, die halbmonatlich ausgezahlt wird, dürfen Gefangene vom Hauptmann aufwärts nicht mehr als 100 M., Leutnants nicht mehr als 60 M. in eigener Verwahrung haben. Mehrbeträge sind dem Zahlmeister gegen Quittung abzugeben, der darüber Buch führt und mit den Gefangenen abrechnet. Von diesem hinterlegten Gelde können die Gefangenen monatlich je zweimal 25 M. abheben. Außergewöhnliche größere Ausgaben, — Beschaffungen von Mänteln und dergleichen im Betrage von mehr als 20 M. — werden durch den Zahlmeister aus dem hinterlegten Gelde bestritten. Geldsendungen an Gefangene werden ebenfalls an den Zahlmeister gegen Quittung abgeführt. Diese Bestimmungen gelten auch für die im Lager befindlichen Zivilisten, Ärzte und Sanitätsbeamten, die nach der Genfer Konvention nicht als Kriegsgefangene gelten.

TEXTE AFFICHÉ AU CAMP

5. An Löhnung erhalten die Offiziere vom Hauptmann aufwärts 100 M., die Leutnants 60 M. monatlich, hiervon haben sie ihre Verpflegung und sonstigen Bedürfnisse zu bestreiten. Die Auszahlung der Löhnung erfolgt halbmonatlich und in besonderen nur für den Geldverkehr im Lager bestimmten Blechmarken. — An wirklichem Geld darf kein Gefangener mehr als 10 M. in Händen haben, alle Mehrbeträge sind dem Zahlmeister gegen Quittung abzugeben, der über die Einzahlungen ein besonderes Buch führt und mit den Gefangenen abrechnet. Eingehende Geldsendungen werden ebenfalls an den Zahlmeister abgeführt. — Von dem hinterlegten Gelde können die Gefangenen monatlich zweimal Beträge bis zu je 25 M. abheben, die auch gleichfalls nur in Blechmarken ausgezahlt werden. — Außergewöhnliche größere Ausgaben — Beschaffung von Mänteln oder Bekleidung im Betrage von 20 M. werden durch den Zahlmeister aus dem hinterlegten Gelde bestritten. Diese Bestimmungen gelten auch für die im Lager befindlichen Civilpersonen, Ärzte und Sanitätsbeamte, die nach der Genfer Konvention auch als Kriegsgefangene gelten.

TEXTE OFFICIEL

5. An Löhnung erhalten die Offiziere vom Hauptmann aufwärts 100 M., die Leutnants 60 M. monatlich, hiervon haben sie ihre Verpflegung und sonstigen Bedürfnisse zu bestreiten. Die Auszahlung der Löhnung erfolgt halbmonatlich und in besonderen nur für den Geldverkehr im Lager bestimmten Blechmarken. — An Wirkliches Geld darf kein Gefangener mehr als 10 M. in Händen haben, alle Mehrbeträge sind dem Zahlmeister gegen Quittung abzugeben, der über die Einzahlungen ein besonderes Buch führt und mit den Gefangenen abrechnet. Eingehende Geldsendungen werden ebenfalls an den Zahlmeister abgeführt. — Von dem hinterlegten Gelde können die Gefangenen monatlich zweimal Beträge bis zu je 25 M. abheben, die auch gleichfalls nur in Blechmarken ausgezahlt werden. - Außergewöhnliche größere Ausgaben — Beschaffung von Mänteln oder Bekleidung im Betrage von 20 M. werden durch den Zahlmeister aus dem hinterlegten Gelde bestritten. Diese Bestimmungen gelten auch für die im Lager befindlichen Civilpersonen, Ärzte und Sanitätsbeamte, die nach der Genfer Konvention auch als Kriegsgefangene gelten

ne touchèrent plus que 60 mark ou 100 mark comme les autres prisonniers. Bien plus, ils durent restituer le montant de la différence de leur solde primitive et de cette solde réduite depuis le début de leur captivité. Pour combler ce déficit, on leur prit leur argent personnel.

Le résultat de toutes ces mesures, c'est que les soldats allemands qui gardent les officiers n'ont pas l'ombre de respect à leur égard.

Je me suis vu, alors que je me traînais péniblement avec deux cannes, rappelé par une sentinelle, pour fermer une porte, alors qu'elle était spécialement préposée à ce service.

J'ai vu un officier anglais bousculé par une sentinelle d'une façon évidemment intentionnée, et qui, ayant réclamé au commandant du camp se vit répondre : « On leur a dit qu'ils sont vos supérieurs, ils le croient. »

Le 21 janvier, une désinfection générale du camp est ordonnée. A cet effet, tous les uniformes des officiers sont pris et, par un froid de 14°, on leur donne pour se vêtir des pantalons de treillis sales et déchirés, et de vieilles capotes de landsturms en loques.

Tout le camp est transformé durant trois jours en un troupeau de miséreux ; au bout de ces trois jours, les uniformes reviennent et dans un état lamentable.

C'est à propos de cette désinfection que j'ai assisté au fait suivant. Un groupe d'officiers se présente auprès d'une chambre de désinfection pour reprendre leurs effets. Par erreur, ils reprennent des effets non désinfectés. Ce que voyant, un sous-officier allemand pénètre brutalement dans ce groupe, à peu près comme pourrait le faire un agent de la brigade centrale dans un rassemblement d'apaches.

Au point de vue de la discipline et du traitement moral, sont encore à citer les faits suivants :

Le 26 octobre, interdiction d'écrire à l'encre, permission d'une lettre d'une page recto et verso par semaine.

Le 13 novembre, tout officier possesseur d'une somme quelconque en or est prié de la remettre dans les 24 heures, à la Kommandantur pour être échangée contre du papier allemand.

Le 19 décembre a lieu au camp une fouille de tous les officiers prisonniers effectuée par des policiers civils allemands Tous les officiers entièrement dévêtus, officiers supérieurs comme les autres (à cette occasion, première apparition des chiens policiers qui depuis, restent toujours au camp, en liberté la nuit).

De novembre, au milieu de décembre, les delika-tessen et liebsgaben de toute nature et de quelque provenance qu'elles soient furent interdites aux offi-

Le Pope Russe.

Arménien de l'armée du Caucase.

L. G., médecin-major
de la flotte britannique.

Le colonel M...
Mon professeur de russe.

TYPES DE PRISONNIERS

ciers et confisquées au profit de la Croix-Rouge allemande.

A partir du 15 décembre, permission seulement pour les Français de recevoir des liebsgaben.

Le 4 janvier 1915, il est interdit de fumer sous peine de 4 jours de prison. La veille, le cantinier avait prévenu les officiers qu'ils pouvaient faire des provisions de tabac, ne devant plus en vendre à l'avenir ; il avait ainsi écoulé son stock. Le lendemain, dépôt forcé de tout le tabac à la Kommandantur et impossibilité de rendre le tabac au cantinier, si ce n'est avec 50 % de perte.

Cette interdiction de fumer est une cause de persécutions incessantes. J'ajoute le fait suivant :

Au début de février, une certaine quantité de consuls français, anglais et belges sont amenés au camp. L'un d'eux, âgé, souffre de violentes crises asthmatiques. On lui refuse les cigarettes d'eucalyptus qu'il désire acheter, parce qu'il est interdit de fumer.

Le 6 janvier, deuxième fouille pour l'or, le tabac, et la saisie de tous les écrits, carnets de campagne et carnets de notes de tous genres, pour écrire l'histoire, nous dit l'officier allemand.

Le 8 janvier, un médecin anglais demande pourquoi seuls dans le camp, les médecins anglais n'ont droit à aucun des traitements de faveur accordés à leurs collègues alliés, il est répondu : « Dieu punisse l'Angleterre. »

Le 13 janvier, dans la nuit, un commencement d'incendie se déclare. Le poste accourt en armes et les 60 hommes de garde se déploient en tirailleurs, face au bâtiment, prêts à faire feu sur le premier officier qui tenterait de sortir. Il faut un quart d'heure pour qu'ils viennent enfin aider à éteindre.

Le 25 janvier, une troisième fouille est effectuée par les policiers civils, toujours pour la recherche de l'or.

Pour conclure, les faits sont là.

En cinq mois de captivité, nous avons à déplorer parmi nos camarades deux cas de folie, un capitaine français et un lieutenant belge.

Les principes présidant à la discipline et au traitement des officiers sont les principes bien connus :

« La force prime le droit.

« Celui qui est le plus fort a le plus de droit, en sorte que le prisonnier de guerre qui n'a aucune force n'a aucun droit. »

.   .   .   .

Nous croyons intéressant de soumettre au lecteur, à titre documentaire, à la suite des faits précédemment exposés, le rapport de M. le conseiller fédéral suisse A. Eugster, sur sa visite au camp de Halle, trois mois après notre départ.

Halle, Maschinenfabrik

17 Mai 1915

5²0 officiers
8⁷ ordonnances
Total : 6o⁷ militaires, dont 166 Français

Logement, préaux. — Les officiers sont cantonnés dans les ateliers d'une ancienne usine dont l'éclairage et la ventilation laissent à désirer. Une cour intérieure sert aux promenades des prisonniers.

Nourriture. — Le repas de midi coûte 60 pf. La cantine, bien fournie, affiche des prix trop élevés, que l'augmentation générale du prix des denrées ne suffit pas à justifier.

Couchage. — Chaque officier a un lit de caserne.

Couvertures. — Suffisantes.

Santé des prisonniers. — Au dire d'un médecin de division russe, la santé des prisonniers est bonne. Bains et douches à volonté.

Distractions. — Atelier de peinture. Les officiers se contentent de flâner dans la cour, *peut-être, par manque d'initiative de leur part* (1).

(1) Souligné par l'auteur.

Services religieux. — Réguliers.

Correspondances. — Beaucoup de plaintes concernant la lenteur, motivée en partie par la quarantaine de dix jours, imposée à la correspondance de départ.

Paquets, argent. — En ordre.

Désirs des prisonniers. — Ils se plaignent de la mauvaise ventilation des locaux et de la poussière, mais *ne tiennent pas à s'en aller de ce dépôt*, bien que le commandant leur ait proposé de déplacer quelque 50 officiers dans un autre camp.

Les rapports entre le commandant du camp et les officiers sont corrects, mais *manquent de cordialité ;* d'autre part, le personnel subalterne n'a pas toujours fait preuve de tact suffisant.

Il est à souhaiter qu'ici aussi, comme cela a été fait ailleurs, la cantine soit exploitée directement par l'administration du camp, ce qui éviterait toute majoration de prix de la part d'un cantinier civil.

Constatant que les locaux de cette usine ne se prêtent que difficilement à des logements pour des officiers, nous espérons que l'administration *donnera suite à son projet de supprimer ce camp.*

La Messe des prisonniers. Janvier 1915.
(Croquis du Colonel russe P...)

Le culte Russe.

VI

La vie au camp de prisonniers

VI

LA VIE AU CAMP DE PRISONNIERS

Où vont les jours qui passent?
Question d'enfant.)

La vie des prisonniers, je l'ai menée pendant cinq mois : elle est triste et monotone et perpétuellement assaisonnée de petites persécutions à la pointe d'aiguille.

On sème en quelque sorte ses journées par heure, par minute, dans toutes les parties du camp. Une rencontre inopinée, un officier que l'on ne connaît pas encore, vite on lie conversation, on lui raconte son histoire, il vous raconte la sienne ; parfois c'est très intéressant, d'autres fois fort banal, mais on se quitte toujours content : on vient de « perdre » dix minutes.

La première pensée qu'on a en se réveillant s'exprime par cette phrase bien connue des casernes en temps de paix : « Ah ! vivement ce soir, qu'on se couche et demain qu'on se lève ! »

La seule chose qui combat cette monotonie, la caractéristique habituelle de ces agglomérations de prisonniers, ce qui en fait le cachet, si je puis dire, c'est la variété et le contraste des races si différentes qui se trouvent, d'une façon exceptionnelle et unique au monde, dans une promiscuité de tous les instants. Il n'est pas rare de voir une table de bridge formée de quatre alliés différents.

Il y a une certaine table de loto, s'il vous plaît, qui *réunit tous ies jours : deux ou trois Français, deux* Anglais, deux Russes, deux Belges, deux officiers indigènes arabes. *Dans le feu de la partie, des inter*pellations dans toutes les langues et dans tous les dialectes se font entendre, jusqu'à l'officier indigène qui jette triomphalement sa chéchia au centre de la table lorsqu'il a fait quine.

Les Anglais font beaucoup d'exercices sous forme de footing dans la cour ; ils font ainsi des kilomètres, ne peuvent pas voir une fenêtre sans l'ouvrir et se lavent dix fois par jour.

Les Russes ferment les fenêtres, se groupent autour des poêles, sont d'enragés joueurs de cartes, mais aussi souvent de véritables artistes qui rendent merveilleusement en peinture, en dessin, en musique, le côté sentimental et mystique de l'âme slave. En outre, ce sont des polyglottes extraordinaires. Presque tous parlent le français ; il s'en trouve souvent qui parlent couramment l'anglais et l'allemand.

L'étude des langues vivantes, voilà une occupation sérieuse. On commence par l'anglais, c'est la langue la plus facile. Au bout de quinze jours, un besoin intense de variété se faisant sentir, on apprend l'espagnol ou l'italien, mais il est rare de voir étudier longtemps la même langue. On fait plutôt de la comparaison linguistique ; il y a eu jusqu'à un cours d'esperanto. Très rares sont ceux qui apprennent l'allemand : on n'a pas l'occasion de converser en allemand, si ce n'est pour demander à la cantine la pitance quotidienne, et c'est ordinairement fort mal vu des camarades ; du reste, l'allemand n'est-il pas appelé à devenir une langue morte ? (Cette réflexion a valu six mois de prison à un de mes camarades.) Enfin, quand un officier est atteint du cafard le plus complet, il se met à apprendre l'arabe ou mieux encore le russe.

Le Français est incontestablement le prisonnier le plus gai ; c'est le perpétuel boute-en-train. Tournant toujours tout à la blague, il conserve un moral excellent. Au reste, les Allemands en veulent beaucoup à son caractère ; ils ne comprennent nullement ses plaisanteries.

Aussi, alors que toutes les autres nationalités réunissent péniblement à elles toutes, trois mois de prison, les Français qui représentent un cinquième de l'effectif du camp tiennent de beaucoup le record (avec deux ans et demi).

Le Français s'occupe de mille et une manières. Pour employer un mot très expressif, il bricole tout le temps. Il y a des musiciens, des dessinateurs et peintres, comme le docteur Dehérain, l'auteur des dessins ; des sculpteurs sur bois, des brodeurs (broderie à petit point, macramé, etc.).

Il met soigneusement de côté tout ce qui peut servir. Avec de la ficelle, on fait un fllet qui remplira l'offlce de sommier ; avec quelques mouchoirs de couleurs, une petite bouteille de colle à 10 pfennigs, et une boîte de punaises achetée à la cantine, avec des illustrations choisies chez le libraire, il improvise autour de son lit une galerie où tous les maîtres de la peinture sont représentés. Avec des caisses à oranges (toujours chez le cantinier) que l'on flxe au mur, on fait une armoire. Les couvertures, habilement disposées sur le lit, en font un sofa ; et si l'on ajoute à cela quelques dessins sur plâtre obtenus en coulant, dans une assiette ordinaire où l'on dispose l'image choisie avec un peu d'huile, du plâtre gâché, on voit facilement qu'il est arrivé à se faire un petit intérieur, bien fragile, il est vrai, car les déménagements sont fréquents. Toujours prévenu à l'improviste, il enlève les punaises et les mouchoirs de couleur, il fait un ballot, il démonte son lit et il va planter sa tente ailleurs, là où l'autorité allemande le lui ordonne.

Personnellement, d'octobre à janvier, j'ai déménagé quatre fois. C'est insupportable, mais ça fait passer le temps.

Parfois l'ingéniosité procure de véritables distractions. L'autre jour, un camarade a l'idée de monter pour un soir un théâtre genre cabaret montmartrois. L'idée sourit à tous et pendant que les uns et les autres cherchent dans leur mémoire ou dans leur esprit inventif quelques numéros, l'heureux inspiré assemble dans le hall quelques planches. Le paravent des Anglais fait une coulisse. Une ficelle tendue entre deux colonnes de bois, avec quelques harengs qu'on y suspend, sert de rampe.

Il se déguise lui-même en Bruand et fait le boniment. Un autre habilement grimé en apache nous rappelle les délices... de Batignolles-Clichy. Un troisième déclame « Après la bataille », de Victor Hugo, il agrémente ses gestes, des effets d'un chapeau à surprise.

Le lieutenant D... fait une remarquable conférence mathématique ; le capitaine P... chante le « mariage de Mademoiselle Fallières. »

Un officier belge dit une jolie poésie sur les grilleurs de pain et tout comme Fursy à « la Pie qui Chante » en improvise une autre dont le public lui fournit les rimes.

Mais le clou de la soirée est, sans conteste, deux acteurs, deux actrices allais-je dire, deux officiers belges merveilleusement travestis, à s'y méprendre au point que le malencontreux major du camp demande à la sentinelle ébahie, « comment il se fait qu'on ait laissé pénétrer des femmes dans le camp ».

C'est certainement une des meilleures soirées que nous ayons passées depuis notre captivité. Mais elle n'aura pas de lendemain, le major a perçu notre distraction et a décrété que désormais ce serait « Verboten ». Il faut s'incliner.

La musique constitue aussi un imposant passe-temps.

On peut louer, très cher, des instruments à un marchand de musique. Aussi a-t-on pu organiser un petit concert : deux violons, deux violoncelles et un contralto. Tous les quinze jours, après le repas, nous pouvions entendre cinq ou six morceaux. C'est pour nous une grande joie. Pendant ce temps on oublie parfois qu'on est prisonnier.

Après ces petites soirées on regagne sa chambre un peu plus gais.

A 9 heures, tout le monde doit être couché ; et

la ronde passée, l'électricité s'éteint et on entend la lourde porte se refermer. Nous sommes enfin seuls dans le bâtiment. Ce sentiment donne lieu à une exubérance de potaches. Tous les cris d'animaux possibles et imaginables se font entendre. On cite dans notre chambre un officier russe qui

LES GRILLEURS DE PAIN

(d'après un croquis du *Petit Français*)

imite fort bien le cheval, mais la prime appartient à un capitaine de tirailleurs qui imite merveilleusement le chat, et on me reconnaît personnellement une incontestable supériorité˙ dans l'imitation du bruit du canard qui barbotte dans l'eau. Parfois cela dégénère en chahut, et la sentinelle nous rappelle à la réalité en frappant à la fenêtre de sa baïonnette et s'écriant d'un ton rogue : *Bleibe ruhing, meinen herren.* (Restez tranquilles, messieurs.)

Parfois aussi c'est un camarade fatigué qui demande grâce. Mon voisin, un commandant anglais, un de mes meilleurs amis, me dit alors : « Petit gosse de moi, dites-moi quel est le nom de cette jeu après les lumières éteintes. Taisez-vous, il faut dormir. »

Et l'on s'endormait pensant à la France que l'on désespérait parfois de jamais revoir.

Le matin, au petit déjeuner, a lieu la discussion des événements du jour, le commentaire du communiqué. On se groupe autour des traducteurs de bonne volonté. Ils ont plus ou moins d'autorité, suivant leur connaissance de la langue allemande ; on cite le commandant Delahaye du 148°, qui lit couramment l'allemand et on a surnommé son groupe la conférence de La Haye.

C'est ordinairement à ce moment-là que je rassemble les nouvelles importantes, que je fais ma chronique locale quotidienne, que j'ébauche le dessin du jour et que je jette les bases de l'article de fond. La mise en page se fait l'après-midi.

Les divers cultes, le culte catholique, le culte russe, et le culte protestant donnent aussi les éléments d'une chronique religieuse.

Les offices religieux sont, en effet, bien émouvants, empreints d'une simplicité tout évangélique dans des pièces nouvellement aménagées qui ressemblent à des granges.

Une malheureuse table de jardin comme autel. Beaucoup y vont, croyant ou non, pratiquant ou pas.

Ce spectacle d'officiers de toutes nationalités, tous debout et groupés autour de ce modeste autel, tous unis dans une même génuflexion au moment de l'élévation, cela semble un petit coin de France retrouvé et à la fin de la messe après quelques mots du prêtre, pauvre curé de campagne, arraché à sa paroisse comme otage, qui nous rappelle souvent nos familles dispersées, nos frères sous les armes, nos foyers envahis, après ces paroles émouvantes, dis-je, bien souvent j'ai vu ces hommes, ces guerriers sortir de là le visage en larmes...

A l'occasion de Noël, le major a demandé si nous désirions faire une fête ; nous avons répondu par une digne abstention et notre nuit de Noël s'est passée très simplement.

Les soldats allemands ont tous eu à cette occasion un petit cadeau.

J'ai aperçu la table où étaient disposés les cadeaux et l'arbre de Noël et j'ai cru reconnaître bien de ces petites friandises que nous envoient nos familles et qu'on nous confisque au profit de la Croix-Rouge allemande, par représaille (?).

Dans notre chambre, nous nous sommes bornés à fredonner après l'extinction des feux quelques-uns de ces vieux cantiques de France qu'on chante toujours à pareille occasion. Nous possédons une modeste guitare qui nous accompagne et c'est sur ses notes mélancoliques que nous nous sommes endormis.

Mais les Allemands n'ont pas pu nous laisser tranquilles cette nuit-là. Il leur fallait bien, après leur beuverie, venir embêter un peu les prisonniers. Ils sont venus faire une ronde dans nos chambres vers 2 heures du matin, nous projeter la lumière de leurs lampes électriques de poche dans la figure et traîner leurs lourds souliers auprès de nos lits.

Et malgré tous nos ennuis, malgré la perpétuelle incertitude sur toute chose, malgré le manque de communication avec nos familles, malgré la mauvaise nourriture, malgré le pain K et double K (maintenant réduit à la quantité d'un kilogramme par personne tous les cinq jours), le moral tient toujours comme en témoigne cet article du *Petit Français* :

Note de la Direction.

22 décembre 1914.

Aujourd'hui *Le Petit Français* est arrivé à son centième numéro. Il remercie ses lecteurs de l'accueil sympathique qu'ils lui ont fait.

Lorsque *Le Petit Français* fut créé il avait un but précis : donner des nouvelles quotidiennes aux blessés de l'hôpital de Brandebourg, des nouvelles décortiquées, si nous osons dire. Ce but nous l'avons poursuivi avec une assiduité et une ténacité toutes particulières, mal ré les obstacles que ne manquent pas de nous créer les Allemands. Et le 19 décembre dernier notre collection aurait disparu, sans la présence d'esprit de notre rédacteur en chef. Depuis Brandebourg, *Le Petit Français* s'est développé à Halle-sur-Saale, mais les besoins ne sont plus les mêmes et *Le Petit Français* subissant l'influence du milieu va évoluer. De quotidien belliqueux qu'il était *Le Petit Français* va devenir l'hebdomadaire pondéré.

Fondé pour raffermir nos cœurs, dans un moment de troubles graves, alors que l'ennemi menaçait Paris, mais fondé aussi au moment même où la France a montré ce qu'elle était dans la bataille de la Marne, *Le Petit Français* a toujours conservé un optimisme et une gaieté toute gauloise.

Ce caractère, il le conservera plus que jamais. Depuis plusieurs mois, en effet, ses idées se sont affermies et il est persuadé que chaque jour qui passe le rapproche de la Victoire.

Mais ce que veut modifier *Le Petit Français*, c'est le genre extra-blatt qu'il avait forcément acquis par suite des circonstances et des contingences.

Le Petit Français va donc être hebdomadaire, et nous sommes heureux de penser que notre premier numéro sera celui de la semaine de Noël, de cette semaine où notre valeureux général Joffre nous a promis une victoire. »

Et cette bonne humeur qui pourrait paraître de la légèreté et de l'insouciance, ce n'est qu'une semi-gaieté factice qui permet au prisonnier de souffrir en silence, de conserver la maîtrise de lui-même ; il serre les poings, mais ne bronche pas, toujours fier de ce qu'il endure pour son pays, lui qui ne peut plus donner sa vie pour lui.

Parfois, la colère est bien près de déborder. Témoin ces notes rageusement griffonnées sur un carnet :

Nous commencions à être mieux matériellement. Voici la persécution morale qui commence. Nous pensions en avoir fini avec ces gens-là, ce n'est que le début.

J'ai vu l'autre jour le *général Orlof* recevoir un paquet de friandises à l'occasion de Noël. Il n'a pas pu y toucher. Goguenard, le soldat allemand lui montrait complaisamment le contenu de chaque boîte et ajoutait à chacune d'elle l'épithète « Verboten » (défendu). Mais il y a longtemps que nous connaissions les idées germaniques sur la propriété.

Néanmoins, quand je suis sorti de là j'étais dans une fureur intérieure rare. Ah ! si seulement il était donné de se trouver cinq minutes seul à seul avec un de ces... Le qualificatif n'existe pas.

Je comprends maintenant la phrase du sang impur ! la devise du prisonnier doit être « De la haine, de la haine, encore de la haine ».

J'en viens à désirer écrire quelques intitulés :

Comment on devient féroce ! ou *L'histoire d'un civilisé tombé au milieu des sauvages !*

Mais patience, quelle revanche !

Evidemment, ce jour-là je n'étais pas disposé à tendre l'autre joue.

Et ce sentiment de même impuissance nivelle tout le monde, il met sur le même pied les jeunes, les gens âgés, les blessés, ceux qui ne le sont pas, les sous-lieutenants, les colonels, voire les généraux.

Cette souffrance en commun crée une camaraderie parfaite, l'union complète contre l'ennemi qui se montre sans cesse, et tous les alliés prisonniers sont des frères les uns pour les autres.

Je me souviendrai longtemps de cette soirée au sujet de laquelle je relève ce petit entrefilet dans *Le Petit Français* :

Ce soir 5 décembre 1914 les vieux gourmands du dépôt des officiers prisonniers de guerre de Halle-sur-Saale, ont pu régaler leurs yeux devant une table de 46 couverts, fort bien garnie ma foi et très imposante. C'est notre camarade Révillon qui à l'aide de son talent bien connu, avait fait l'office de fleuriste décorateur (il faisait des fleurs en bois).

Le champagne seul manquait à ce banquet des artilleurs alliés qui fêtaient dignement la Sainte-Barbe. Le menu était soigné. M. Schirmer, Voleur et compagnie, s'étaient surpassés : sardines, harengs, filets de porc aux pommes de terre bouillies, omelettes, pommes, le tout arrosé... d'une bouteille de limonade par tête, café et cigare (à ce moment il n'était pas encore interdit de fumer).

A la fin du repas, le major belge Beck fit un toast. Il but à la santé du roi Albert, et successivement pour le roi, pour les alliés, pour les camarades qui s'étaient entremis pour cette jolie fête de famille, on entendit des triples salves de hourras, hurlés par toute la salle enthousiaste. Suivit une réponse du colonel russe Popov, le peintre militaire bien connu. La séance se continua par un bombardement figuré très suggestif et par l'audition des quatre hymnes nationaux des alliés exécutés par un violoniste belge et écoutés debout, chapeau bas, dans le plus grand recueillement.

Figurez-vous 400 officiers, tous au garde à vous, les uns découverts, les autres saluant de la main droite.

Quel plus beau symbole que celui de tous ces opprimés qui savent souffrir avec dignité dans la lutte pour la justice et pour le droit contre les barbares !

Les autels religieux (culte catholique et orthodoxe) avril-mai 1915.

A droite : Les quatre premiers
officiers rapatriés comme grands
blessés le 3 mars 1915 à leur
arrivée à Lyon.

TROISIÈME PARTIE

La Délivrance

I.

Vers Konstanz

I

VERS KONSTANZ

Le 18 février, je quittais Halle-sur-Saale pour être rapatrié en France. Après un chaleureux au revoir à tous les camarades, à des gens que je ne reverrai peut-être jamais, avec qui j'ai vécu dans une intimité complète pendant des mois, je fus amené à la Kommandantur où j'attendis l'automobile qui, à nos frais, bien entendu, devait nous conduire à la gare.

Je vois encore le groupe de nos compagnons derrière la grille, agitant leurs mains à travers les interstices comme des lions en cage et quand, avant de partir, je passai une dernière fois la tête par la portière, j'étais très ému : pauvres amis, ils souffriraient encore longtemps peut-être, et comme ils seraient tristes ce soir, en pensant à nous, les élus, les heureux...

. . . .

Herr hauptmann Honischmann se penche à la portière, il nous souhaite « Pon foyache ! » et la voiture s'ébranle.

Depuis six mois, jamais je ne suis passé près de cette porte sans songer à l'instant où je la franchirais définitivement et voici que ce bonheur nous arrive !

L'auto file à toute allure et nous traversons la ville. A un croisement de rues, nous apercevons un détachement de pauvres soldats russes horriblement mutilés qui cheminent lentement entourés de gardes-chiourmes, baïonnette au canon.

Nous arrivons à la gare, nous sommes dirigés sur un quai d'embarquement désert. Notre premier soin est d'allumer nos cigarettes. Cela nous est permis maintenant. Apercevant un petit gosse qui fait des commissions, nous l'envoyons chercher des oranges.

Voilà donc la liberté qui revient ! Serions-nous définitivement sortis de l'enfer ! Il est deux heures de l'après-midi le train entre en gare. On nous dirige aussitôt vers un wagon-couloir où nous sommes installés en compagnie de deux soldats allemands, armés naturellement.

Au moment où le train va partir, pendant que nos gardiens sont dans le compartiment voisin, un sous-officier allemand de Lorraine annexée s'approche et nous dit rapidement : « Vous savez, dépêchez-vous de revenir. Vienne le mois de mars et ils vont avoir faim, ça commence déjà. »

Et le train part.

Nous contournons la ville et nous en apercevons le panorama : une forêt de cheminée d'usines. Nous apercevons une dernière fois le camp...

Et c'est un camarade qui s'écrie :

« Tiens, un arbre !... Il y a plus de six mois que je n'en avais vu ! »

Nous passons à Merseburg, c'est près de là que se trouve un camp de soldats, ils sont 10 à 12.000 et ils y souffrent beaucoup, paraît-il ; puis à Iéna. Là, nous redressons la tête et nous sommes fiers de la victoire de nos aïeux, sûrs d'avoir notre Iéna, nous aussi, quand le temps viendra. Erfurt, Bebra, Fulda et la nuit tombe.

A Polda une heure d'arrêt, on va nous servir un repas.

Nous descendons des wagons pour nous diriger vers les « baracke ». La nuit est complète, et lorsque, peu à peu, nos yeux s'habituent à l'obscurité, nous commençons à apercevoir tout autour de nous un troupeau silencieux de miséreux. C'est un véritable défilé de la Cour des Miracles. Ces êtres promènent autour d'eux des yeux hagards — ceux qui en ont encore du moins. — Partout nous voyons reproduit le tableau de l'aveugle et du paralytique. En voici qui se traînent sur des vestiges de béquilles. Et celui-là a la joue complètement éclatée. Ils ont l'air affaissé des gens qui ont dû plier l'échine pendant des mois.

Ce sont nos hommes !... et voilà ce qu'ils en ont fait, les misérables ! Ils sont maigres à faire peur et leur accoutrement augmente l'impression de délabrement. Les capotes n'ont plus de bouton, des morceaux de ficelle font office de brandebourgs, les calots taillés dans les pans de capotes russes, voisinent avec des vestiges de képi et de chéchia. Quelques vestons kakis agrémentent le tout.

Nous pénétrons dans la « baracke ».

Elle est éclairée de loin en loin par quelques ampoules électriques.

Il n'y a rien de spécial pour les officiers. Nous nous asseyons au milieu de nos hommes. A notre entrée, la salle semble s'être transformée, les têtes se relèvent, les yeux ont brillé.

Des officiers, des officiers, murmurent-ils entre eux, et nous voyons ces spectres se redresser et lentement comme des gens qui se ressouviennent, ils nous saluent et nous sentons que notre présence est pour eux le réconfort. « Ah ! mon lieutenant, c'est donc vrai qu'on retourne en France ?

— Mais oui, mon brave, qu'est-ce que tu as ?

— J'ai le pied droit et le bras gauche coupés. Mais j'ai encore le bras droit, ils m'ont mis dans la catégorie des services de bureaux.

Et nous nous inclinons vers nos assiettes creuses où les Allemands ont mis deux louches de soupe à la colle. C'est une soupe à l'eau et au riz où nagent de-ci, de-là, quelques bribes de bœuf bouilli.

Non sans peine, nous obtenons quelques verres d'eau.

Et brusquement nous sommes interrompus par le cri aigu d'une voix de sous-officier : « Heraus ! Heraus ! »

Il faut remonter en wagons et le défilé reprend.

Nous regagnons le train et il repart. La nuit s'écoule interminable. Nous sommes quatre pour une banquette et demie, nous décidons de nous relayer de deux heures en deux heures, pour pouvoir nous étendre un peu.

Je reste debout d'abord trois heures et puis, n'y tenant plus, je réveille le capitaine pour prendre sa place. Et une demi-heure après, en me tournant, je l'aperçois par terre, terrassé par le sommeil, il s'est étendu entre les deux banquettes.

Le lendemain matin, nous nous réveillons à Francfort.

Puis nous piquons vers le Sud, longeant le Rhin. Mannheim, Heidelberg... Près de là à Schwertzfeld nos deux Boches nous font voir des affiches le long de la voie avec force gestes démonstratifs, et de gros rires béats.

Elles représentent des soldats allemands battant

un soldat français et coupant le cou d'un Anglais.

Nous passons à Karlsrulhe et un peu plus loin nous avons une nouvelle station halte-repas vers 11 heures. Cette fois, la « baracke » contient une salle spéciale pour les officiers. On nous y conduit. A côté de nous s'installe l'officier chef de train et du détachement. Et pendant que nous reprenons une assiette de soupe à la colle, comme hier soir, nous voyons l'Allemand qui savoure un bon beafteak avec du macaroni qui a l'air excellent, et un tas de friandises.

Nous repartons. Nous brûlons Rastadt et à Offen-burg nous obliquons vers le sud-est. Nous nous engageons dans la Forêt-Noire, nous traversons toute la Souabe. Le pays est superbe. Le train de tunnel en tunnel franchit les vallées où coulent des torrents impétueux. Les collines sont couvertes de grands sapins sombres et au fur et à mesure que nous nous élevons la neige apparaît. et nous aper-cevons des indigènes qui font du sky. Une joie in-tense nous envahit et le capitaine P..., entonne de sa belle voix des airs d'opéras connus. Tous y pas-sent. Il n'y a qu'un nuage à l'horizon. Allons-nous être menés en Suisse tout de suite, ou rester en Allemagne encore quelques jours ? Tout va bien jusqu'ici. Mais ce serait bien étonnant que le génie boche ne nous réserve pas quelques coups de la dernière heure.

La nuit est close maintenant, depuis plusieurs heures. Nous sommes redescendus des montagnes. La fraîcheur de l'eau nous monte au visage, nous sommes au bord du lac de Konstanz.

Et le train s'arrête, nous ne sommes plus qu'à 10 kilomètres de Konstanz, il est minuit.

Quelques personnes circulent sur le quai. Une femme charmante s'approche de nous et se met à nous parler en français. C'est une dame suisse. Elle nous demande nos impressions à mots couverts.

Et à notre tour nous la questionnons. Où allons-nous ? Quand serons-nous en France ?

Elle nous répond : « Oh ! la France n'a pas encore donné sa réponse sur la question de l'échange. »

Nous voudrions quelques explications. Mais un feldwebel grossier vient prendre la dame par le bras et la jette en arrière en lui criant d'une voix de stentor : « Ist Verboten » et j'entends cette femme qui murmure entre ses dents sous le coup de l'affront : « Oh ! le voyou ! » Et son mari qui est là tout près nous glisse discrètement ces mots : « Croyez-vous, tout de même ! »

Le train repart et nous débarquons une demi-heure après à Konstanz. Nous sortons de la gare, des autos nous y attendent pour nous conduire à l'hôtel, paraît-il.

Entre temps, un camarade a demandé à un monsieur de la Rothe-Creuz si la réponse de la France était arrivée. Il a répondu affirmativement. Si ça pouvait être vrai !

Les autos s'arrêtent après un quart d'heure de trajet et nous descendons. On nous introduit dans une maison de belle apparence. C'est la maison du Dr Buddingens, à 25 mètres du lac. Ce sont les religieuses catholiques de l'ordre de la Sainte-Croix qui sont infirmières, on s'empresse autour de nous.

On nous montre nos lits et on nous conduit à une grande table installée dans un couloir. Nous nous asseyons tous. Tiens ! nous avons des couteaux, des fourchettes et des serviettes. Quel luxe !

Et nous dégustons un excellent repas froid.

Du veau froid à la gelée, etc., du pain blanc, de la bière...

Ah ! mais, c'est le paradis !

Je suis dynamogène. Après le repas, je demande à un jeune médecin à lunettes qui a le visage couvert d'estafilades, de refaire mon pansement qui est défait.

Et pendant qu'il opère avec son collègue, j'entends qu'il murmure : « Oh ! je ne pense pas qu'on le renvoie pour si peu de chose. »

La foudre tombant à mes pieds ne m'aurait pas produit plus d'effet. Je suis pétrifié... Alors, ce n'est donc pas sûr que nous rentrons en France. Je cours à notre chambre, je raconte aux amis...

En tout cas, voilà le moment d'être malade et sérieusement malade. Je me couche.

On vient éteindre la lumière et un sous-officier nous fait remarquer que la maison est tout entourée de sentinelles et que toute tentative de fuite est inutile, outre qu'elle nuirait beaucoup à notre sort...

. . . .

Ça, c'est le bouquet ! Ah ! maudits Boches !

II

Konstanz

KONSTANZ.

La torture par l'espérance

(Villiers de l'Isle-Adam.)

Dimanche 21 février 1915.

Ce matin, réveil à 8 heures. Nuit mauvaise. Je n'ai pas fermé l'œil un instant. Petit déjeuner, café au lait et pain blanc. Les sœurs sont pleines d'attention.

Nous avons retrouvé des camarades arrivés ici depuis huit jours. Nous sommes en tout une douzaine d'officiers. Ils attendent comme nous la réponse de la France... Qu'est-ce que cette histoire de brigands ?

Dans la matinée une dame de l'hôpital est venue nous faire remplir des fiches d'identité. On y ajoute des renseignements sur nos blessures. Avant le déjeuner une autre dame qu'on appelle Frau Hauptmann est venue demander ceux d'entre nous qui désiraient de la bière.

Le déjeuner est bon. La nourriture n'est pas à comparer avec celle du camp. Quoi qu'il arrive nous aurons fait quelques bons repas. Après déjeuner, nous allons un instant dans le jardin. Sous une grande véranda sont étalées quantité de chaises longues avec des matelas. S'il ne faisait pas un peu froid, ce serait délicieux. Le soleil paraît un instant. A 25 mètres de là, entre les arbres du jardin, on voit le lac et on perçoit le clapotis des eaux. En face de nous les montagnes suisses. Quelques kilomètres d'eau nous séparent seulement de la liberté. Je commence à comprendre les recommandations du sous-officier d'hier soir.

Il est, du reste, là près de nous, fumant béatement un gros cigare. Un camarade veut aller voir la perspective du lac. *Verboten !* nous ne devons pas descendre le trottoir.

Ah ! encore... je rentre dans ma chambre. Il y a une bibliothèque et quelques livres, j'admire ceux qui peuvent lire.

L'après-midi, le jeune docteur à lunettes vient nous prodiguer ses soins, il nous ausculte, il prescrit aux uns les appareils électriques, aux autres, la mécanothérapie. Moi, depuis hier soir, dès que je le vois, j'ai envie de rentrer sous terre. Il me demande quelques renseignements sur ma blessure. Je lui fais un récit émaillé de termes techniques. Il sait que j'ai pour profession d'être étudiant, il a l'air de me prendre en haute considération. Je me méfle horriblement...

Qui sait ce qu'il pense ?...

On s'empresse toute la journée autour de nous. Nous ne sommes pas habitués à tant de soins, qu'est-ce que tout cela cache ?

Nous demandons si ces soins ont quelques rapports avec notre échange. Non, non, nous est-il répondu, c'est simplement pour le bien de votre santé.

Hum ! rien ne me paraît moins sûr. Le soir la Frau Hauptmann revient nous demander ceux qui prennent de la bière. Ou bien elle ne sait pas compter jusqu'à 7 ou bien elle cherche l'occasion de causer avec nous.

Après dîner, le concierge vient nous faire ses offres de services pour acheter ce que nous voulons. Voilà le « betite gommerce ».

Nous nous couchons et toujours pas de réponse de la France. Je prends un bouquin dans la bibliothèque : *Les Désenchantées*, de Loti. Voilà qui est de circonstance.

Nous sommes là douze désenchantés qui donnerions cher pour être fixés sur notre sort.

Lundi 22.

Ce matin, il tombe de la neige, le paysage est superbe.

En attendant dans les couloirs, j'ai croisé un offi-cier allemand. Il y en a quelques-uns ici en traite-ment. Ils ne sont pas à prendre avec des pincettes, naturellement. Ce voisinage ne me dit rien qui vaille.

Sitôt nos chambres faites, réapparition des mé-decins. Ça devient inquiétant.

C'est le médecin-chef cette fois qui m'examine. Il me dit que j'ai eu beaucoup de chance de ne pas être tué et me donne de bonnes paroles. Je ne suis nullement rassuré, quoique celui-là ait l'air plus sincère. En tout cas, il est bien élevé.

Il y a aussi la femme d'un commandant, Frau Mayor, qui s'occupe du service de nos repas. Les sœurs sont très dévouées. Il y a dans la maison une dame russe qui était en traitement ici, au moment de la guerre et qui est internée ici par faveur spé-ciale. Elle est soumise à des appels réguliers à la Kommandantur. Elle a tricoté quelques cache-nez pour nos camarades arrivés les premiers. Elle vou-lait nous en faire, on vient de le lui interdire.

Ce matin à déjeuner le sous-officier est venu nous demander nos couteaux de poches, même les plus petits qu'on vendait au camp. Ils nous seront rendus à notre départ. Ça me met en colère, j'en ai un gros, mais je ne le donne pas, tant pis. Tout cela est de mauvais augure.

Avec ça en sortant dans le jardin, nous avons trouvé une sentinelle en armes. De plus en plus mauvais signe.

Il n'y a pas à dire, ça ne vaut rien de fumer un cigare à côté d'une sentinelle qui ne vous quitte pas des yeux.

Je retourne à mes *Désenchantées*.

Les journaux n'annoncent rien au sujet de l'échange si ce n'est que c'est la faute de la France si ça ne va pas plus vite

Naturellement !

Mardi 23.

Toujours, soins obséquieux du personnel médical. Ils prennent beaucoup trop de notes, à mon sens. Evidemment il y a quelque anguille sous roche.

Décidément la petite Frau Hauptman est en veine de confidences ce soir. Elle nous a montré le portrait de son mari dont elle porte une immense effigie qu'elle glisse dans sa ceinture.

Il a déjà été blessé une fois. Il vient de repartir. Après la guerre son rêve serait d'aller en garnison à Bruges.

Elle a beaucoup de prétentions, ce me semble, entre autres, celle d'être habillée à la parisienne.

Mercredi 24.

J'ai identifié un autre personnage : l'économe de la maison, un grand diable de mauvaise mine. Il a l'air faux comme un jeton et il est toujours fourré partout.

Le sous-officier aussi est fouinard. On n'est pas à son aise du tout ici. Nous avons rencontré dans les couloirs un Américain du Sud. Nous avons causé quelque temps avec lui, toujours avec circonspection, on ne sait jamais à qui l'on a affaire.

Les repas sont toujours copieux et bien présentés. C'est une petite consolation. Mais je crois que c'est un calcul, on tient à nous remplumer avant de nous rapatrier si jamais ce bonheur nous arrive.

Ce soir un sous-officier nouveau, avec trois hommes armés, est venu nous demander brusquement à chacun de nous, notre correspondance. Il a regardé et il a pris les lettres où il n'a pas vu le cachet « gepruft » ; ça c'est une fouille qui se prépare, mauvaise affaire.

Jeudi 25.

Aujourd'hui dégel, temps grisâtre. La Frau Hauptman et la Frau Mayor ont beaucoup admiré les petits travaux de prisonniers que nous rapportons. Elles ont été très étonnées de voir un camarade qui sait tricoter.

En apercevant le képi neuf de mon voisin le capitaine de tirailleurs, la Frau Hauptman a dit : « Ah ! vous l'aviez fait faire pour entrer à Berlin !

— Paris me suffit, madame », a répondu le capitaine.

Pendant le déjeuner, elle s'empresse auprès de nous, elle nous offre de la « zouppe » de la « zaladé » en roulant des petits yeux doux.

Savoir ce qu'Otto penserait de tout ça !

Hier soir, nous nous sommes endormis au son des valses les plus viennoises et les plus entraînantes possibles. Messieurs les officiers allemands se distrayaient dans le grand salon voisin de notre chambre. Et les éclats de rires des Frau Mayor, Hauptman, etc., accompagnaient ces harmonies.

J'ai identifié un autre personnage, la femme du jeune médecin probablement, Frau Unterartz. Elle a aussi la prétention d'être habillée à la parisienne. Mais elle ne parle qu'anglais. Elle cause de temps à autre avec un de nos camarades qui parle bien anglais. Elle a un de ces corsages vert clair ! Oh ! quel goût délicieux !

Ah ! oui, voilà bien où devaient aboutir tous ces soins, toutes ces notes, toutes ces expériences électriques, j'ai rencontré tout à l'heure la petite sœur suisse qui parle français. Il paraît que nous allons passer une visite éliminatoire devant une commission. Il paraît que c'est pour demain, brrr...

Ce soir au moment de nous coucher, nous avons vu la sentinelle qui est venue faire un petit tour. C'était un jeune soldat de 20 ans à peine. Il parlait français très bien et paraissait en veine de confidence. Il s'est mis à causer. Il a été près d'Arras. Il est parti plein de confiance. On lui avait dit que les Français tiraient mal, que jamais ils n'attaquaient. Mais il a bien vu, lui, qu'ils tiraient très bien. Il a conservé un souvenir plutôt désagréable du 75. Il paraît qu'on veut le faire repartir, mais il n'est pas du tout de cet avis.

Naturellement nous écoutons sans rien ajouter. Avons-nous à faire à un éphèbe apeuré ou à un rusé qui voudrait nous faire parler ?

Toujours est-il qu'à un moment j'ai entendu craquer les lames du parquet et derrière la porte vitrée j'ai vu se profiler l'ombre du sinistre économe.

Vendredi 26.

Ah ! elle est venue, la fameuse commission. Ah ! là, là, quelle journée ! Ce matin, dès la première heure nous n'avons pensé qu'à cela. Mais elle n'est venue qu'à 5 heures du soir, et, toute la journée, nous avons passé aux appareils électriques et mécanothérapiques, etc.

La commission se composait de cinq médecins, tous décorés de la croix de fer. Un général à haute stature la présidait. Il y avait un commandant qui parlait le français, qui disait un mot à chacun de nous. C'est un nabot à lunettes, laid comme un singe, qui examinait. Il avait un petit marteau en acier, pour constater l'existence des réflexes. J'étais le quatrième à passer. Pendant qu'il discutait au sujet de mon voisin, j'ai pensé mourir vingt fois. Enfin, il s'est penché vers mon camarade et lui a dit : « Pon foyache, Monsieur, vous retournerez en France. »

Il est venu vers moi. Cela a duré au moins dix minutes, dix siècles. Il m'a fait fermer les yeux, me tenir en équilibre les yeux fermés, etc. Enfin, il m'a dit : « Pon foyache, Monsieur... »

Ah ! ouf, je crois que je lui aurais sauté au cou (pour l'étrangler).

Puis tous les camarades y ont passé. Seuls quatre d'entre nous ont eu le « Pon foyache ! » fatidique.

Oui, mais qu'est-ce que ça veut dire? Toujours pas de réponse de la France ! Il y a un de nos pauvres camarades qui est plongé dans le marasme complet, le terrible médecin a prononcé la sentence : « Peut rendre encore des services de guerre. »

Ah ! quel enfer !

La supérieure tâche de nous rassurer, elle nous dit que nous serons tous rapatriés.

Oui, oui, en attendant rien n'est moins sûr.

La Frau Hauptman nous a dit, ce soir, en s'en

allant qu'elle était ennuyée de n'avoir personne pour la conduire à la brasserie, boire de la bonne bière Zalvator, « ... oui, de la bonne bière Zalvator, vous zavez on en fait à Lille maintenant, Lille, ville allemande... »

Samedi 27.

Il paraît que ceux qui ne seront pas rapatriés seront renvoyés dans des camps de prisonniers. Alors, on serait venu ici à dix minutes de la frontière pour retourner ensuite. Et encore, naturellement, on nous renverrait dans un autre camp que celui ou nous avons vécu jusqu'ici.

Ah ! ça c'est signé. On reconnaît là leur délicatesse. Ils vont nous bercer d'une douce illusion durant quinze jours et puis on reprendra le chemin de l'exil et le collier de misère...

Vers midi, deux nouveaux camarades arrivent. Ils arrivent l'un de la Belgique, l'autre de Lille. Le premier est complètement paralysé, l'autre est effroyablement mutilé à la main et à la jambe par deux coups de fusil tirés à bout portant.

Eux aussi se croyaient arrivés au terme de leur souffrance. Ils ont déjà passé maintes visites éliminatoires. L'un d'eux me conte qu'à Rastadt il y a un camarade amputé de la jambe droite et du bras gauche qui a fait demi-tour parce qu'il avait le bras droit en bon état, ils disent tout de suite : « Ya, ya, général Pau. »

Mais alors, nous qui ne sommes pas amputés jamais nous ne rentrerons !

La supérieure cherche toujours à nous rassurer.

Elle nous offre d'aller à la messe demain si nous voulons dans une chapelle voisine, nous acceptons avec plaisir.

Elle nous a raconté qu'un des officiers allemands de la maison lui a reproché d'être trop attentionnée pour nous. Mais elle lui a répondu qu'elle s'était souvenue qu'avant d'être une Allemande, elle était une femme.

A la bonne heure !

Cette nuit, il y a un officier boche qui est entré ici par erreur. Il cherchait sa chambre. Il a causé quelques instants avec l'un de nous. Il ne paraissait pas avoir toutes ses idées.

J'en parle à la petite sœur qui sourit mystérieusement et qui me dit : « Oh ! oui, il ne devait pas avoir les idées très nettes, sa chambre est au second. »

Dimanche 28.

Ça, je l'avais bien dit, il nous fallait une fouille. Un jeune officier, décoré de la Croix de fer de 3ᵉ classe, est venu nous demander nos bagages. Il a tout regardé avec soin, mais en somme il y a mis assez de forme. Le procédé ne me plaît pas.

Pourquoi nous donner les premiers jours des apparences de liberté pour nous les retirer ensuite?

Aujourd'hui, les journaux ont l'air d'annoncer que les négociations vont mieux. Elles seraient près d'aboutir. Dieu soit loué !

Quoi qu'il arrive, tout est préférable à cette horrible incertitude.

Nous n'avons pas pu aller à la messe. Le sous-officier a eu vent de la chose et l'autorité militaire a prononcé « Verboten ». Je crois que la supérieure ne lui pardonnera pas ça.

Il y a un de nos camarades de l'infanterie coloniale qui a un rein en moins. La commission n'a pas accepté son rapatriement. Mais on lui a déjà fait repasser la visite au moins deux fois.

A une heure, on lui dit qu'on va le renvoyer en France, à deux heures on lui indique le nom du camp où on va le réexpédier. Enfin, c'est affreux, cette situation.

Mais, pour le consoler, la Frau Unterartz et la Frau Hauptman lui ont dit que s'il n'était pas rapatrié, on le soignerait bien ici.

Ça a dû le toucher profondément.

Evidemment la commission va revenir bientôt pour voir les deux nouveaux. Peut-être saurons-nous quelque chose.

Cet après-midi nous avons revu l'Américain du Sud, nous avons causé longuement et puis, subitement, le sous-officier est apparu et lui a intimé l'ordre de filer aussitôt. Il est « Verboten » de venir parler avec nous....

Ce soir, on prétend que l'échange est commencé. Mais on ne sait pas si on se mettra d'accord sur la question des officiers.

La petite sœur a bon espoir. Dès qu'il y a une bonne nouvelle, elle nous l'apporte.

Enfin, espérons.

Lundi 1ᵉʳ mars.

Ah ! le voilà terminé cet horrible mois de février. Je m'en souviendrai longtemps, mais comme il est bien inspiré de n'avoir que 28 jours !

Encore une horrible journée.

Ce matin, est arrivé en gare de Konstanz un convoi de grands blessés allemands. Mais pas d'officiers.

Il paraît qu'ils sont bien triés sur le volet.

Mais parbleu, ils se figurent probablement qu'on va leur renvoyer des gens valides !

Mais qu'allons-nous devenir ? Mieux vaut, certainement, avoir ses bras et ne pas être échangé, mais tout de même, s'il faut repartir vers l'Allemagne, je crois que j'en deviendrai fou.

Ce soir, vers 6 heures, j'ai été me passer un peu d'eau sur la figure, j'avais la tête en ébullition. La petite sœur est venue me chercher en me disant que je manquais une visite.

Je ramasse mon savon et ma brosse à dents et je me dirige clopin-clopant.

Ah ! une visite, mais oui, c'est le prince Max de Bade, qui est venu nous voir. J'arrive à temps pour recevoir une poignée de main... et il s'en va.

Mes camarades me disent qu'il leur a dit à tous un mot aimable. Il a été très correct, très digne. Il a été fort ému de savoir que l'un de nous très abîmé est père de cinq enfants, sans nouvelle d'eux depuis quatre mois.

Il espère que nous serons tous échangés.

Il paraît qu'il est francophile.

Oui, oui, *Franzôse*, *gùte leute*, braves gens, bonnes poires...

Enfin, il avait l'air sincère.

Ça ne fait rien, encore huit jours de ce métier et nous serons tous bons à mettre au cabanon.

Oh ! une voix, une voix, pour crier !

Mardi 2 mars.

9 *heures*. — Nuit affreuse. L'idée qu'à dix minutes d'ici on est libre m'empêche de fermer l'œil. Il est arrivé un deuxième train ce matin. Toujours

pas d'officiers. Au fond je crois que ça prouve que là-bas, ils ne veulent pas se laisser faire. Ils ont bien raison. .

Il paraît que sur 2.500 hommes qui ont été concentrés ici, il y en a 5 à 600 qui ont déjà fait demi-tour pour rentrer en Allemagne. Ah ! les pauvres gens !

10 heures. — Il paraît que la commission va revenir pour les deux nouveaux.

Nous allons peut-être apprendre quelque chose... Ah ! je l'entends. Les voilà qui viennent...

11 heures 1/2. — Ah ! encore un pas de fait, pourvu que ce soit le bon.

La commission donc est venue. Elle a examiné les deux nouveaux arrivés. Puis le commandant qui parle français est venu vers mon voisin. Il portait en main une liste de nos noms. Il lui a demandé s'il pouvait voyager assis... J'ai aussitôt tendu l'oreille et je me suis rapproché. Alors il m'a demandé si j'avais besoin d'un brancard pour aller à la gare. J'ai hésité pour savoir ce qu'il fallait répondre. J'ai pris le parti de dire la vérité, j'ai dit que c'était inutile et bien m'en a pris.

Il a ainsi noté trois noms et le mien. Il a ajouté : « Vous partirez ce soir, par le train de 8 heures, on viendra vous prendre vers 6 heures en automobile. »

« Ah ! Encore un qui l'a décrochée la timbale, la timbale ! »

Je ne sais pas si je vais pouvoir déjeuner. Je ne me réjouirai tout à fait que quand le train partira.

2 heures.— Ce sont nos pauvres camarades qui en font une figure. C'est qu'eux sont encore dans le doute et pour combien ? Pauvres amis ! Mon voisin est inconsolable. Il remplissait les conditions pour partir. Mais précisément, il était allé se laver les mains pendant que le commandant notait les noms. Quelle guigne ! Il valait encore mieux manquer hier soir la visite du prince de Bade.

4 heures. — Ah ! voilà le terme qui approche...

Nous avons préparé nos affaires. Nous allons probablement être encore fouillés.

La supérieure est venue nous féliciter d'être élus.

La petite sœur aussi est bien contente pour nous.

Ah ! encore quatre heures.

Dans une heure nous allons dîner. On prend les adresses des camarades.

6 heures. — Ça y est, j'entends les deux autos... Mon cœur bat à se rompre... Je commence à croire à notre bonheur.

7 heures, dans le train. — C'étaient bien les autos.

Nous avons serré la main à tous les camarades. On s'est embrassé. On s'est dit : « A bientôt », mais c'est plus facile à dire pour nous que pour eux.

Puis nous avons dit au revoir à tout le monde, aux sœurs si charitables, à la supérieure, qui a tant compati à nos souffrances physiques et morales, au médecin-chef, etc., à la Frau Mayor, etc.

Nous sommes montés dans l'auto. On a fermé la portière et le petit médecin à lunettes est apparu. Son dernier mot a été : « Surtout, dites bien en France que nous ne sommes pas des barbares » et le chauffeur a appuyé sur le levier d'embrayage.

La Frau Hauptmann est alors apparue sur le perron.

« Au revoir, pon foyache, herr Lamanndie. »

Nous avons rapidement traversé la ville, nous avons aperçu toute la perspective du lac.

A la gare, des infirmiers de la Rothe-Creuz ont pris nos bagages et on nous a conduits à notre wagon.

La gare est toute pavoisée et remplie de fleurs vertes avec des inscriptions.

« Welcome in Heimat » Bienvenue dans la Patrie!

La commission est venue une dernière fois. Et les cinq médecins ont voulu nous serrer la main.

Des infirmiers sont arrivés, nous remettre les derniers cadeaux de l'Allemagne.

Un petit sachet de papier entourant un sandwich.

Et ils nous ont offert un dernier verre de café sans sucre.

On vient de nous présenter au colonel suisse, chef du train, le colonel Bony.

Un camarade lui a demandé si désormais nous étions sous ses ordres.

Il a répondu : « Messieurs, vous êtes encore, pour une heure, sur le territoire allemand. Ne l'oubliez pas. »

III

Helvétia

III

HELVÉTIA

De l'autre côté de la barricade

Huit heures, le train démarre.

Il y a dans notre wagon-salon avec nous quatre, un civil que je ne connais pas. Il n'a pas l'air très communicatif. A un moment, il nous fait remarquer que nous passons la frontière suisso-allemande.

Je me tourne vers mes amis, je leur prends les mains et dis : « Nous voici enfin rentrés en Europe. »

Quelques instants après, petite halte, le civil descend et M. Beau, ambassadeur de France, monte avec son attaché militaire.

Ils arrivent les bras remplis de tabac français et de journaux.

Et ce sont des effusions, des poignées de mains, et le récit de nos transes récentes.

Le train repart pour s'arrêter à Winterthur. Là, il y a plus de 500 personnes sur le quai, qui nous acclament. Ils crient : « Vive la France » et nous crions : « Vive la Suisse », les larmes aux yeux. Et on nous donne des cigarettes, des petits paquets entourés de ficelles tricolores, des chocolats de toutes espèces.

Et maintenant chaque gare où nous passons, ce ne sont que des acclamations. Le train semble les emporter avec lui. Nous sommes au comble du bonheur.

Et ce sont les officiers suisses du train qui viennent nous voir. Ils sont charmants et chacun de raconter son histoire. Ils arrivent tous les mains pleines. Nous sommes à la tête de deux boîtes de 200 cigares.

Madame Bony, la femme du colonel, parcourt inlassablement le train, distribuant à tous les fruits et les fleurs.

A partir de Zurich, les gares sont gardées militairement et le public n'entre pas. Mais il y a des centaines de personnes tout autour.

A Berne, l'ambassadeur nous quitte, et on nous apporte des fleurs et une immense bourriche de fruits de toutes sortes ; nos impressions sont inexprimables. Ces quelques instants compteront certainement parmi les meilleurs de notre vie.

Ces acclamations, ces dons généreux nous arrachent des pleurs. L'intention nous touche tellement... C'est que nous retrouvons ce que nous avions perdu depuis si longtemps : la sympathie !

A Fribourg, nous croisons le train des grands blessés allemands et, à travers le carreau, je les aperçois couchés sur des banquettes.

J'avoue que je préfère sans conteste notre situation à la leur.

De Fribourg à Lausanne, nous nous assoupissons un peu.

Et c'est par un beau clair de lune que le train commence à longer le délicieux Léman.

A 4 heures, nous arrivons à Genève. Léger arrêt. Il y a au moins 4.000 à 5.000 personnes autour de la gare. Mais elles ne peuvent pénétrer. Seules quelques dames sont sur le quai et j'échange quelques mots avec l'une d'entre elles.

Je lui dis notre joie et notre reconnaissance pour cet accueil inoubliable.

Et le train repart. La frontière est là tout près... Nous allons retrouver la patrie perdue...

O France chérie, France adorée, nous allons respirer à nouveau ton parfum, nous allons fouler ton sol qui nous engendra !

IV

France!

IV

FRANCE !

Le train stoppe en gare de Bellegarde... Silence de mort. Pas un chat. Trois territoriaux, baïonnette au canon. Pas un drapeau.

Un médecin-inspecteur et le commissaire de la gare se promènent. Le commissaire, nous apercevant, nous adresse un petit salut à distance. Le médecin-inspecteur nous dit : « Ah ! il y a des officiers ce matin, vous êtes quatre, tant mieux. »

Et voici venir vers nous le chef de gare civil. Il ne sait pas faire de phrases, mais il vient à nous en toute sincérité et avec effusion nous serre les mains. C'est le fils de France qui vient à ses frères retrouvés.

Il nous explique son désir, celui des habitants de faire une petite manifestation. Mais tout a été interdit...

Et le train reste en gare une heure.

Cette fois, c'est incontestable, nous sommes en France.

Le train repart sans arrêt jusqu'à Culoz.

Chemin faisant, le médecin-chef vient auprès de nous et nous demande des renseignements sur nos blessures. Il nous explique comment nous allons être soignés à Lyon. Mais personne de nous quatre ne veut rester à Lyon. Nous n'avons qu'une idée, c'est de courir embrasser les nôtres.

« Ah ! mais, on vous donnera 48 heures de permission. »

Nous descendons à Culoz, mes amis expédient quelques télégrammes. Toujours service d'ordre des plus stricts. Le commissaire de gare daigne nous tendre la main cette fois et le maire de la ville vient affectueusement à nous.

L'infirmière-major de la gare est parfaite. Elle offre un petit déjeuner à nos camarades les officiers suisses.

Tous les quatre, nous prenons un verre de café noir au buffet.

Le train repart bientôt vers Lyon.

Nous causons avec les camarades suisses, mais vraiment devant eux nous avons honte de l'accueil de notre pays.

Nous ne tarissons pas de reconnaissance envers la Suisse. Et ce sont eux qui calment notre indignation de jeunesse, et ils tentent de nous donner de bonnes raisons.

Mais nous n'avons pas bu la lie du calice.

Le train entre en gare de Lyon.

Silence de glace. Service d'ordre partout et sur les quais une vingtaine d'officiers. Quelques hommes crient en entrant : « Vive la France ! »

Les gens de la gare ont presque l'air surpris.

Je hêle un caporal pour prendre nos bagages. Il vient avec quelques hommes et nous dit : « Si Messieurs les officiers veulent me suivre. »

Nous le suivons appuyés sur nos cannes.

Nous passons devant des groupes d'officiers qui nous regardent. Je vois un capitaine de cavalerie qui me toise de haut en bas pour voir probablement le membre qui me manque.

Nous entrons dans un grand ascenseur, qui nous descend dans un couloir souterrain. Ce couloir débouche sur une salle d'attente qui donne elle-même sur la rue. Nous la traversons. En face de la porte une grande auto du Service de Santé, en bois, sans carreaux, les deux battants arrière ouverts, se profile devant nous.

Nous montons, on pose nos valises, on referme les battants et l'auto démarre. Une petite lucarne de 20 centimètres de côté permet d'apercevoir le chauffeur. C'est un vrai panier à salade.

Nous arrivons en dix minutes à l'Hôtel-Royal. On nous conduit à nos chambres.

Deux infirmières sont là et nous accueillent enfin.

Elles ne reviennent pas d'étonnement quand nous leur disons notre réception.

Un quart d'heure après, deux officiers de l'état-major du gouverneur viennent nous exprimer tous leurs regrets et nous disent combien cet accueil correspond peu aux sentiments du cœur. Ils nous expliquent que les négociations continuent au sujet de l'échange et que c'est pour éviter les trop grandes manifestations populaires et leur répercussion possible qu'on a décidé d'agir ainsi. Au reste, les ordres sont formels.

Ah ! les voilà bien, nos diplomates !

Mais les infirmières ont à cœur d'effacer cette impression. Elles téléphonent à la présidente de la Croix-Rouge. On dresse une table où les fleurs sont entrelacées de rubans tricolores. On monte du champagne et, en moins d'un quart d'heure, on improvise un déjeuner de réception.

La ruse est cousue de fil blanc, mais elle part d'un si bon cœur que déjà nous avons pardonné.

Notre mauvaise humeur, toute faite de tristesse et d'amertume, disparaît.

Comme toujours, d'un mot, d'un geste, d'un regard, les femmes de France savent effacer le souvenir des rustres et des cuistres.

Et huit jours après, je débarquais à Paris, dans les bras de mon père...

ÉPILOGUE

> Madame, avez-vous bien dormi ?
> (VICTOR HUGO, *Eviradnus*,)

EPILOGUE

Le 22 mars 1915, dans un de nos grands hôpitaux de Paris, en une délicieuse chambre au premier étage, il y avait un jeune officier couché !

Il venait d'être opéré le matin. A peine dégourdi du chloroforme, il semblait reposer en paix. Une fièvre légère empourprait ses joues. Une gracieuse infirmière était auprès de lui veillant à son repos et, sur la porte, on avait mis un écriteau : « Aujourd'hui pas de visite ».

A la vérité, ce jeune homme rêvait... pendant que la jeune fille filait de la laine.

Il se voyait errant dans la grande cour de l'horrible camp où il avait séjourné cinq mois. Il n'apercevait pas un ami et la nuit tombait avec son voile de tristesse. Il pénétrait dans l'intérieur de la maison maudite. Et il revoyait son lit vide au milieu de ses camarades couchés.

Comme ils semblaient le regarder tristement, ce lit du disparu !

Pauvres amis ! ils souffraient, pensant à ceux qui allaient avoir le bonheur de revoir la France.

Oui, ceux-là dans quelques jours pourraient embrasser leurs parents, leurs femmes, leurs enfants.

Et lui, errant dans la chambre d'un lit à l'autre, aurait voulu leur parler, les consoler, mais il ne pouvait pas.

Et ce fut son meilleur ami, celui qui avait partagé ses angoisses quotidiennes, le compagnon de tous ses instants qu'il voyait pleurer sur son oreiller. Il voulut aller à lui... impossible.

Alors il poussa un cri.

« Vous souffrez ? dit une voix près du lieutenant.

— Oh ! non, mademoiselle, répondit le malade le visage souriant, ce n'est rien, je me croyais encore en Allemagne ! »

TABLE DES MATIÈRES

Pages

DEUXIÈME PARTIE

TROISIÈME PARTIE

Imp. Artistique « Lux », 131 boul. Saint-Michel, Paris — 316